Simone Deichmann

Steinweisen

Skulpturen im Schwetzinger Schlossgarten

„Wenn Statuen Geschichten erzählen...“

Verlag Waldkirch

Impressum

Idee und alle Fotografien: Simone Deichmann
Parkplan S. 4: Staatliche Schlösser und Gärten Baden-Württemberg
Lektorat/Korrektorat: Tamara Schadt, Dagmar Schaaf
Gestaltung & Satz: Verena Kessel

ISBN 978-3-86476-052-5

Seit 1542

Verlag Waldkirch KG
Schützenstraße 18
68259 Mannheim
Telefon 0621-129 15 60
Fax 0621-15 33 49
E-Mail: verlag@waldkirch.de
www.verlag-waldkirch.de

Inhalt

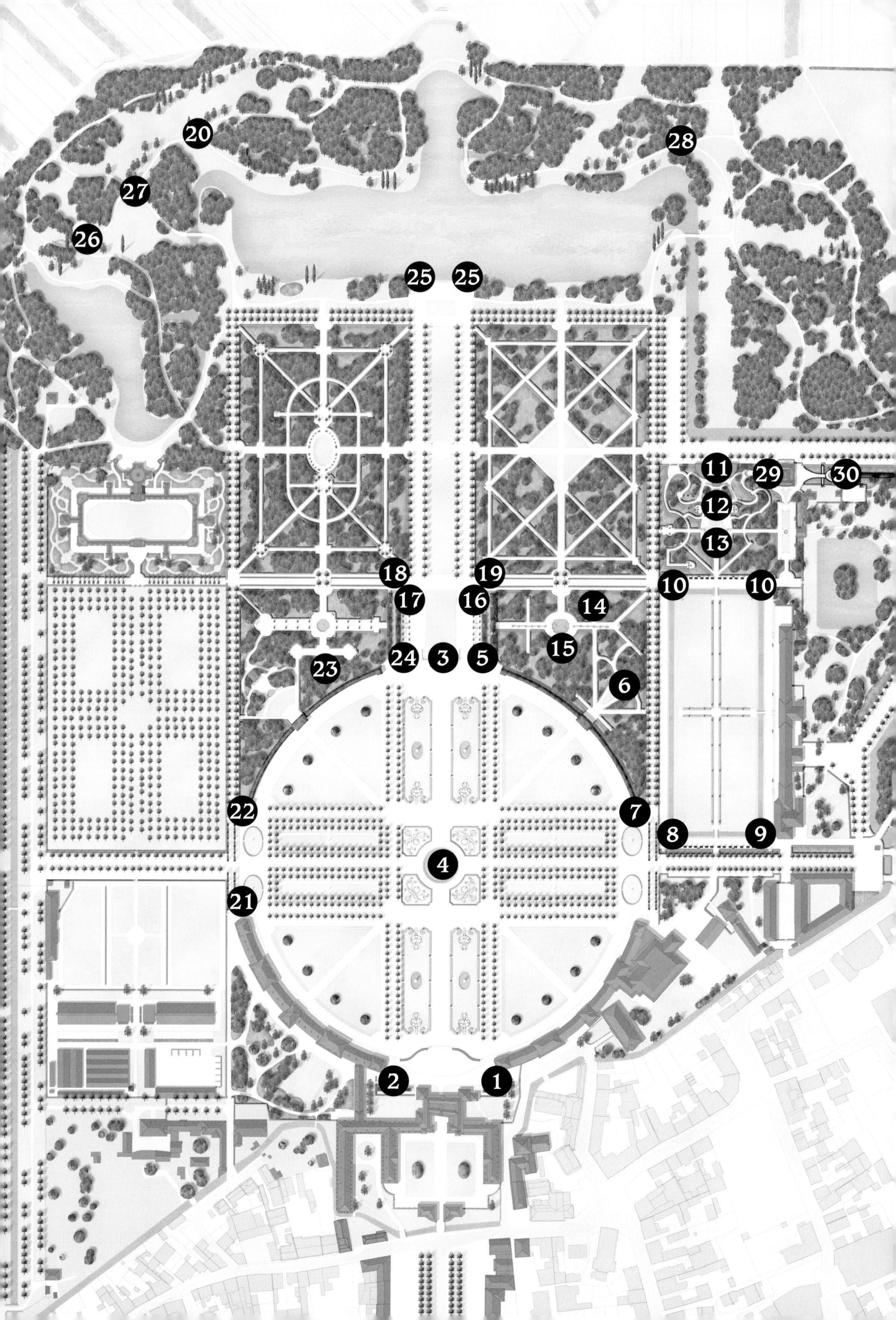

1
2
3
4
5
6
7
8
9
10
11
12
13
14
15
16
17
18
19
20
21
22
23
24
25
26
27
28
29
30

Steinweisen – die Namen

Generell tragen die im Buch beschriebenen Götter in der Überschrift der Kapitel den Namen, unter dem sie im Schlossgarten geführt werden, sei es der griechische oder der römische. Aus Gründen der Einheitlichkeit und weil es die Namen und Geschichten einiger Nebencharaktere nur in der griechischen Mythologie gibt, sind in den Geschichten selbst durchgehend die griechischen Varianten zu finden. In den Überschriften steht gegebenfalls der griechische Name in Klammern ergänzt.

1. **Arkadische Atalante**
2. **Böotische Atalante**
3. **Hirschgruppe (Aktaion)**
4. **Arionbrunnen**
5. **Neptun (Poseidon)**
6. **Galatheabrunnen**
7. **Ceres (Demeter)**
8. **Winter**
9. **Herbst**
10. **Frühling und Sommer**
11. **Apollotempel mit Gott Apollo**
12. **Najadenbrunnen**
13. **Sphingen**
14. **Pan**
15. **Bacchus (Dionysos)**
16. **Juno (Hera)**
17. **Vulkan (Hephaistos)**
18. **Justitia (Themis)**
19. **Minerva (Athene)**
20. **Mars (Ares)**
21. **Merkur (Hermes)**
22. **Kallirhoe**
23. **Agrippina**
24. **Kybele (Rhea)**
25. **Donau und Rhein (Danuvius und Rhenus)**
26. **Ruine**
27. **Poesie (Poetica)**
28. **Fortuna (Tyche)**
29. **Cupido (Eros)**
30. **Perspektiv**

Vorwort: Chronos

„Was ist Zeit? Wenn mich niemand fragt, weiß ich es. Wenn ich es jemand erklären soll, weiß ich es nicht."
Aurelius Augustinus

Sei gegrüßt und lass mich dir vorstellen:
Für manche bin ich alles und für manche wiederum nichts. Ich bin die personifizierte Unvergänglichkeit. Ich bin die Beständigkeit, bin das Werden und gleichsam das Gewesene… .

Und für dich bin ich Chronos, der Gott der Zeit! Ich war, ich bin und ich werde immer sein, bin immer anwesend. In mir vereinen sich Ewigkeit und Raum. …
Lass dich mitnehmen auf eine weite Reise zu den vergessenen Legenden. Eine Reise durch das geheimnisvolle Zwielicht. Eine mystische Wanderung durch den Schwetzinger Schlossgarten, geleitet von den steinernen Zeugen der Zeit, begleitet von antiker Mythologie.

Der Wanderer

Wenn es dunkel wird an der Stelle, an welcher der Tag dem Abend die Hand gibt und der gerade aufsteigende Mond noch kurz der Abendsonne zuzwinkert, beginnt ein schwarzer Schatten seine nächtlichen Streifzüge durch den Schlossgarten Schwetzingen. Die düster-transparente Silhouette dieser Gestalt, die etwas zu suchen scheint, bewegt sich auf ihrem Weg bestimmt und zielstrebig durch die Parkanlagen. Es ist ein Wesen, dessen Geheimnisse so wohl gehütet sind, dass nicht einmal ich sie zu ergründen vermag.

Dem Blick eines Menschen entzieht sich diese Gestalt. Mir, Chronos, dagegen ist es durchaus möglich, ihr zu folgen. Schließlich bin auch ich in vielen Dimensionen zuhause.
Folget nun in meiner Gesellschaft diesem geheimnisvollen Wanderer, der über all die abgelegenen und verwinkelten Pfade des Parks wandelt, getrieben von ewiger Wissbegier, eingehüllt in die Geschichten, die die Zeit geschrieben hat, geleitet von den außergewöhnlichen Statuen des Schlossgartens.

Godex „Made of Stone“
www.godex-music.de

Atalante und die Jagd auf den Eber

Gerade zieht der Schatten des Wanderers durch den vorderen Teil des Schlossgartens, ein günstiger Moment also, sich ihm anzuschließen. Der Alte merkt nicht, dass er von nun an von uns begleitet wird. Er gelangt an eine betörend schöne Frauenstatue, deren vergoldete Oberfläche in der untergehenden Abendsonne glitzert. Es ist Atalante, eine berühmte griechische Jägerin.
Der Vater von Atalante wünschte sich einst einen Thronfolger. Als seine Frau ihm dann aber eine Tochter schenkte, war er bitter enttäuscht. Er verspürte keinerlei Verlangen, sich um seine Tochter zu kümmern, da er davon ausging, dass sich diese Mühe nicht lohnen würde. So kam es, dass er das hilflose, kleine Geschöpf in der Wildnis aussetze. Doch da es von einer Bärin gesäugt und versorgt wurde, wuchs das Kind dennoch heran. Atalante bekam von ihrer mächtigen und starken Pflegemutter alle Eigenschaften mit, die sie benötigte, um zu einer mutigen und kämpferischen Persönlichkeit heranzuwachsen. Schließlich wurde die junge Frau von Jägern gefunden, die sie liebevoll zuhause aufnahmen. Es gab niemanden, der es mit ihr als Läuferin und Jägerin aufnehmen konnte.
Eines Tages erfuhr Atalante von einem wilden Eber, der das ganze Land um die Stadt Kalydon herum verwüstete. Ein schreckliches Ungeheuer, welches die Göttin Artemis König Oineus geschickt hatte. Der Eber war die grausame Strafe dafür, dass Oineus einst vergessen hatte, ihr die ersten Früchte seiner Ernte zu opfern. Alle Jäger, die es bisher mit dem Tier aufnehmen wollten, hatte es auf brutale Art getötet. So ließ der König die besten Jäger des ganzen Landes zusammenrufen, um den kalydonischen Eber zu besiegen. Doch lauschen wir nun dem Gespräch zwischen Atalante und dem Wandersmann:

„In der Tat ... so war es - Kannst du dir vorstellen, was los war, als ich unter all den Männern auftauchte? Ich trug mein Haar zu einem schlichten Knoten gebunden und man erkannte mich sofort als Frau. In einer Hand den Bogen haltend, blickte ich in die Runde. Sogleich fiel mir ein junger Mann auf. Es war der Sohn des Königs, Meleager war sein Name. Er sah mich mit verliebtem Blicke an und ich senkte verlegen mein Haupt. Ich hatte mit Männern zu der Zeit noch überhaupt nichts im Sinne. Wohl als Freunde, um jagen zu gehen, aber nicht mehr... . Es war Meleager, der mir beistand, als die anderen Jäger mich vertreiben wollten. Nur weil ich eine Frau war, ohne meine Fähigkeiten zu kennen, sträubten sie sich gegen meine Teilnahme an der Jagd. Nach einer heftigen Auseinandersetzung gelang es Meleager, sie umzustimmen. Was darauf folgte, war jedoch ein solch bestialisches Schauspiel, dass ich wünschte, ich hätte es nie erleben müssen... . Meleagers Bemühungen waren nicht umsonst. Denn ohne mich hätten die Jäger das, was nun geschah, niemals überlebt! Der Eber stürmte direkt auf uns zu. Ehe ich reagieren konnte, riss die Bestie schon zwei der Jäger in Stücke. Ich bemühte mich, einen kühlen Kopf zu bewahren und es gelang mir, das Untier mit meinem Pfeil von seiner Bahn abzulenken. Auch Meleagers Speer hatte sein Ziel gefunden und steckte in der Seite des Ebers. Schließlich verendete die Bestie an dieser Verletzung, da sie sich den Speer im Getümmel selbst immer tiefer in die Flanke trieb. Da ich es gewesen war, die ihm den ersten Stoß versetzt hatte, bekam ich die abgezogene Haut des Ebers als Trophäe. Dieses Geschenk hätte ich besser nicht angenommen, denn es sollte Meleagers Todesurteil sein ...“

Da hatte Atalante leider recht, denn kurz nach Meleagers Geburt hatte sich Folgendes zugetragen: Meleagers Mutter Althaia erschienen, nachdem sie gerade einen Holzscheit ins Feuer geworfen hatte, drei Moiren (eine Gruppe griechischer Schicksalsgöttinnen). Diese spannen im geheimnisvollen Gesange einen zarten Faden des Schicksals, welcher Althaia offenbarte, dass der Säugling so lange zu leben habe, bis dieser Holzscheit zu Asche werde. Althaia erschrak zutiefst und holte rasch den brennenden Holzklotz aus dem Feuer, löschte die Flammen und bewahrte das restliche Stück in einer hölzernen Truhe auf...

Als die schöne Atalante die Haut des Ebers von Meleager überreicht bekommen sollte, waren viele der Männer empört. Sie konnten nicht akzeptieren, dass der Preis einer Frau gebührte. Meleager aber verteidigte sie. Dies wiederum erboste die Brüder seiner Mutter Althaia. Sie verkündeten, Atalante niemals im Leben den Preis zu überlassen. Meleager war darüber so erzürnt, dass er seine Onkel in blindem Zorn tötete. Als seine Mutter die schreckliche Nachricht erfuhr, war sie außer sich vor Zorn und Trauer. Kurzentschlossen riss sie die Truhe auf, nahm den Holzklotz und warf diesen in die Flammen. Als von ihm nur Asche blieb, fiel Meleager tot um. Althaia aber konnte dies alles nicht verkraften und nahm sich alsbald das Leben, indem sie sich erhängte. „Was für eine bittere Geschichte," denkt sich der Wanderer. „Und alles nur, weil Atalante eine Frau war."

Grübelnd schreitet der Wanderer langsam weiter. Atalante ist verstummt, ohne ihm den Rest der Geschichte anzuvertrauen. Scheinbar ist sie nach all den vielen Jahrhunderten noch immer nicht darüber hinweggekommen, dass Meleager einst ihretwegen sterben musste.

Der Wanderer sinniert weiter: „Warum eigentlich musste das so passieren – warum konnten die Männer die bessere Leistung der Frau nicht anerkennen?" Eine gute Frage, über die es sich nachzudenken lohnt.

Black Chameleon „Turned to Stone"
www.black-chameleon.com

Atalante und Melanion

Plötzlich hält der Wanderer an. Schon wieder steht er vor der goldenen Atalante, aber diesmal hält diese einen Apfel in der Hand. Verwirrt blickt er zurück in die Richtung, aus der er gekommen ist. Nein, die Statue, die eben mit ihm gesprochen hat, steht noch an ihrem Platz. „Was hat es wohl mit dieser zweiten Atalante auf sich?“, fragt sich der Wanderer. Und schon vernimmt er die Stimme der vertraut wirkenden Statue:

„Du brauchst dich nicht zu wundern, lieber Mann. Es geht alles mit rechten Dingen zu, mich gibt es hier im Park in zweifacher Ausführung. Aber nicht nur im Park, auch in den alten Erzählungen wird manchmal zum einen von der arkadischen Atalante, der du gerade begegnet bist und die Jagd auf den kalydonischen Eber machte, zum anderen von der böotischen Atalante berichtet.
Ich stelle Letztere dar. Lass mich dir erklären, was es mit dem Apfel in meiner Hand auf sich hat.
Sicher hast du bereits gehört, dass ich nicht sonderlich von den Männern begeistert war. Mein Vater jedoch bestand auf meiner Heirat. Da ich mir sicher war, niemals zu unterliegen, willigte ich ein, denjenigen zu heiraten, dem es gelänge, mich im Kampfe zu besiegen. Deshalb forderte ich meine Bewerber stets zum Wettkampf heraus und hatte so einen Heidenspaß. Einer nach dem anderen verlor den Kampf und ich schien unbesiegbar, bis eines Tages ... .“

Da verstummt Atalante plötzlich. „Was ist denn los, warum sprecht Ihr nicht weiter?“, fragt der Wanderer.

Ihm entgeht nicht, dass die Statue einen anderen Gesichtsausdruck hat. Ihre jungenhaft anmutenden Züge scheinen plötzlich weicher, bewegter:

„...bis mich eines Tages Melanion zum Wettlauf herausforderte.“ Die Augen von Atalante beginnen zu leuchten: „Dieser war klüger als alle anderen zuvor. Er bat die Liebesgöttin Aphrodite um ihren weisen Rat. Diese war gewillt, ihm zu helfen und schenkte Melanion drei goldene Äpfel. Die Früchte waren von so einzigartiger Schönheit, dass sie jeden verzauberten, der sie nur ansah. Ich trat zum Wettstreit an, nicht ahnend, dass dies mein letzter werden sollte. Melanion war ein besonders schöner junger Mann – bisher hatte ich ja keinen Blick dafür, aber eigenartigerweise entging mir das diesmal nicht! Mitten im Lauf bemerkte ich, dass Melanion etwas verloren hatte. Ich blickte rasch über die Schulter und sah mit einem Mal etwas Wunderschönes auf dem Boden liegen. Ich konnte nicht anders, als dieses goldene Etwas aufzuheben und merkte, dass es sich um einen Apfel handelte. Diesen Moment nutzte Melanion, um an mir vorbeizuziehen, aber das machte mir nichts aus, schließlich war ich schnell genug, um das wieder aufzuholen. Und da geschah es erneut, dass mein Herausforderer einen solchen Apfel fallen ließ. Diesmal gewann er durch seine List einen noch größeren Vorsprung. Dennoch, ich konnte nicht anders, als den Apfel aufzuheben. Wieder holte ich ihn ein. Kurz vor dem Ziel verlor Melanion dann den dritten Apfel. Auch diesen musste ich aufheben und so kam es, dass er vor mir ins Ziel gelangte und mich tatsächlich besiegte. Doch ich war alles andere als unglücklich darüber. Ich begann, mich in den schönen Melanion zu verlieben und wir wurden unzertrennlich.“

Ja, das ist wohl wahr, die beiden waren ein starkes Paar, und so sehr verliebt ineinander, dass sie es sogar im Heiligen Hain des Zeus wagten, sich zu umarmen. Dies mussten sie jedoch damit büßen, dass der Göttervater die beiden in Löwen verwandelte, die nicht mehr zueinander finden konnten. Denn niemand durfte sich im göttlichen Hain begehren – noch nicht einmal in den Arm nehmen.

Aktaion und die Jagd auf den Hirsch

Noch ganz vertieft in die Geschichte der Jägerin Atalante, wird der Wanderer jäh aus seinen Gedanken gerissen: Ein wildes Kläffen ist zu hören und ein todgeweihter, schneeweißer Hirsch bäumt sich ein letztes Mal auf. Um ihn herum wütet eine ungebärdige Schar zorniger Hunde, die den Hirsch reißen wollen. Es sind Jagdhunde, geschickt von Artemis, der Göttin der Jagd. Tobend und aus der Versteinerung erwacht, folgen sie ihrem Befehl: Sie jagen den Hirsch. Doch was der Wanderer – wie auch die Hunde selbst – nicht wissen: Der Hirsch ist ihr eigener Herr – Aktaion. Er war in den Wäldern unterwegs, um zu jagen. Da sah er plötzlich die Gestalt einer wunderschönen jungen Frau, die im Fluss badete. Es war Artemis, die Göttin der Jagd. Sie war nackt und von berauschender Schönheit. Der junge Jäger konnte seine Blicke nicht mehr von ihr lassen. Als Artemis und ihre Nymphen den Fremden bemerkten, bildeten die Nymphen eilig einen Kreis um ihre Herrin, sie wollten so den nackten Körper Artemis' vor Aktaions begehrenden Blicken schützen. Erzürnt und in unendlicher Wut sprach die Göttin einen Fluch aus, der den Jäger augenblicklich in einen Hirsch verwandelte. So kam es, dass die Hundeschar, deren Aufgabe es war, Wild zu erlegen, nun ihren eigenen Herrn zur Beute nahm.

Die Blicke des lüsternen Jägers machten die Badende in deren Augen zu „Freiwild". Zur Strafe ließ sie Aktaion selbst zum freien Wild für seine Hunde werden... .

Artemis hatte einst ihren Vater Zeus darum gebeten, auf immer Jungfrau bleiben zu dürfen. Im nächsten Moment erstarrt die Hirschgruppe schon wieder zu Stein, so, als ob sie sich nie bewegt hätte. Ungläubig starrt der Wanderer die Gruppe an – sollte er just einer optischen Täuschung erlegen sein? Hatten diese Tiergestalten sich tatsächlich gerade bewegt? Den alten Mann lässt von nun an das Gefühl nicht los, dass er in diesem Park etwas ganz Besonderes erleben wird. Diese Anordnung von Statuen, Ruinen und architektonischen Bepflanzungen scheint nicht nur einzigartig, sondern auch äußerst geheimnisvoll zu sein... .

Arion und der rettende Delfin

Als der Wanderer weiter seines Weges zieht, wird er plötzlich von einem Schwall kalten Wassers erwischt. Schnell weicht er zur Seite und entdeckt ein wildes Treiben, mitten in einem vor dem Schloss angelegten Teich. Dort reitet ein junger Mann auf einem Delfin. Er kämpft gegen die Wellen an, als ob er auf dem offenen Meer wäre. In der Hand hält er eine Leier.

„Wer seid Ihr? Und was ist Euch denn zugestoßen?", fragt der Alte die Gestalt, aber die scheint ihn nicht zu hören. Das Rauschen des Wassers ist zu laut. Unermüdlich kämpft der Mann auf dem Rücken des Delfins um sein Leben.

„Das ist der junge Arion, Meister des Leierspiels", bekommt der Wanderer plötzlich zur Antwort. Da erst stellt er fest, dass noch weitere Figuren auf dem Wasser sind. Durch das wilde Wasserspiel hatte er sie anfangs nicht bemerkt. Erst jetzt sieht er das Kind, das ihn angesprochen hat: „Was geschieht hier, und warum sitzt dieser Mann auf einem Delfin?"

„Das ist eine lange Geschichte. Sie handelt von dem hochbegabten Musiker Arion von Lesbos. Angefangen hat alles damit, dass Arion, der immer für Periander, den Herrscher von Korinth, auf der Leier gespielt hat, unbedingt an einem Musikwettstreit auf Sizilien teilnehmen wollte. Periander war dies nicht recht, er hatte ein ungutes Gefühl dabei. Dennoch erlaubte er Arion missmutig die Teilnahme. Für den spielte sich auf Sizilien alles wie im Traum ab: Er gewann den Wettbewerb haushoch und wurde mit Beifall und vielen wertvollen Geschenken überschüttet. All diese Reichtümer nahm Arion stolz mit auf ein Schiff, das ihn zurück nach Korinth bringen sollte. Des Nachts aber schickte Apollon, der Gott der Weissagung, ihm einen warnenden Traum: Es werde ein Unglück geschehen, aber er solle sich nicht fürchten, da die Götter ihm ein rettendes Zeichen schicken würden. Schon am Morgen des nächsten Tages verschwor sich die Mannschaft – gierig nach all den Reichtümern, die Arion an Bord gebracht hatte – gegen ihn. Mordlust lag in ihren Blicken, als sie ihn umringten. Da sie bewaffnet und in der Überzahl waren, hatte Arion keine Chance. Er erbat sich aber als letzten Wunsch, noch einmal vor seinem Tode auf der Leier spielen zu dürfen. Die Mannschaft gewährte ihm seine Bitte. Und als Arion – so schön und ergreifend wie noch nie zuvor – zur letzten Weise anstimmte, versammelte sich um das Schiff eine Schar Delfine. Sie wurden von der schönen Melodie angezogen. Arion sah dies als das Zeichen, von dem Apollon gesprochen hatte und stürzte sich ohne lange nachzudenken in die Fluten. Ein Delfin rettete ihn und brachte ihn in sein Land zurück. Der Delfin selbst verlor bei dieser Anstrengung sein Leben. Arion aber kam unversehrt bei seinem Herrn Periander an. Dieser wartete daraufhin erzürnt das Schiff ab, auf dem Arions Reichtümer lagen. Als dieses ankam, ließ er die Besatzung festnehmen und befragte die Männer nach Arion. Sie leugneten seinen Aufenthalt an Bord und behaupteten, dass der Leierspieler noch auf Sizilien sei. Da trat Arion, der die Befragung in einem Versteck verfolgt hatte, hervor und die gesamte Mannschaft wurde zur Strafe ans Kreuz geschlagen. Seither erscheinen in nächster Nähe zueinander die Leier und der rettende Delfin am nächtlichen Sternenhimmel."

Gebannt lauscht der Wanderer den Worten des Kindes. Erst jetzt kommt er dazu, den Jungen nach seinem Anteil an der Geschichte zu fragen. Doch dieser verstummt, sobald er das letzte Wort gesprochen hat, und wird wieder zu Stein. Das Kind scheint mit einem Meerestier zu kämpfen – oder spielt es nur mit ihm? Arion ist ein Sohn des Poseidon und der Nymphe Onea, also mit dem Wasser von klein auf vertraut. So könnte es durchaus möglich sein, dass dieses Kind Arion selbst darstellt, als Sohn des Meeresgottes, spielend mit einem Seetier.

Neptun (gr. Poseidon) Gott der Meere

„Na, hast du die schönen Klänge der Leier meines Sohnes vernommen?“

Der Wanderer hält inne – wer spricht ihn da an? Und er erkennt neben sich einen alten, bärtigen Mann, der sich an einen Delfin anlehnt, als sei dieser ein bequemer Sessel. Die Haltung und der muskulöse Körperbau des Mannes vermitteln dem Wanderer den Eindruck, einen der mächtigsten Götter vor sich zu haben:

„Arion ist Euer Sohn? – So seid Ihr der berühmte, mächtige Poseidon, der Gott des Meeres?“

Die lebendig gewordene Statue nickt bedächtig mit dem Kopf und schaut dem Wanderer tief in die Augen:

„So ist es. Ich, Bruder des Zeus, bin Herr über das Wasser und das Meer, und wer mich nicht ehrt, dem wird gar Grausames widerfahren. Wehe dem, der meinen Zorn auf sich zieht! Mit meinem mächtigen Dreizack vermag ich sogar über Naturgewalten zu gebieten! Stoße ich diesen in die Erde, so gibt es Erdbeben. Halte ich ihn über das Wasser, so werden heftige Überschwemmungen das Land heimsuchen.“

Der Wanderer wird ein wenig nervös. Schließlich möchte er den Schlossgarten nicht in Gefahr bringen, indem er den mächtigen Poseidon erzürnt. Also lenkt er das Gespräch geschickt auf ein anderes Thema:

„Ich hörte, Euer Sohn Arion solle herrliche Weisen auf seiner Leier spielen! Er scheint sehr begabt zu sein. Sicher hat er dies von seinem Vater geerbt.“

Da entspannen sich Poseidons Gesichtszüge und er erwidert freundlich:

„Allerdings, jedes meiner Kinder wurde mit einzigartigen Gaben geboren. Besonders außergewöhnlich ist mein Pegasos, ein geflügeltes Pferd, das hoch durch die Lüfte zu fliegen vermag. Medusa hat mir dieses wundervolle Kind geschenkt. Auch Polyphem, der einäugige Zyklop, war ein ganz besonderes Kind. Ich mochte den etwas rauen, humorvollen Kerl sehr gern. Doch die schöne, aber oberflächliche Galathea verabscheute ihn wegen seines abstoßenden Äußeren. Nichtsdestotrotz, musste sie letztendlich sein Weib werden. Hast du die schöne Galathea schon kennengelernt?
Sie ist nicht weit von hier als Figur in Stein gehauen. Nur ein Laster hatte mein Polyphem: Sein Leibgericht waren Menschen, und er verschlang diese mit Haut und Haaren. Aber was soll ich mich da einmischen. Ich war mit wichtigeren Dingen beschäftigt, als mich um seine Erziehung zu kümmern! Diese Unsitte musste er schließlich jedoch bitter bereuen: Odysseus, den er mitsamt seiner Mannschaft in seiner Höhle gefangen hielt, um sie alle zu verspeisen, füllte Polyphem eines Abends mit gutem Wein ab. In diesem Zustand konnte mein armer Sohn sich nicht wehren, als Odysseus ihm mithilfe eines Speers das Augenlicht raubte. Odysseus aber, der dank seiner Schandtat entkommen konnte, machte ich von da an die Hölle heiß. Sobald er sich dem Wasser näherte, machte ich kurzen Prozess: Sintflutartige Wellen, Sturm und Unwetter, Erdbeben und alles, was in meiner Macht stand, ließ ich diesen Mann spüren. Niemand vergreift sich ungestraft an einem meiner geliebten Kinder!“

In einem plötzlichen Wutausbruch schmettert Poseidon das Gefäß auf den Boden, das er eben noch in seiner Hand gehalten hatte, und es zerbricht in viele Teile. Just in diesem Moment verstummt Poseidon und wird wieder zu Stein.
Der Wanderer erschrickt und zuckt zusammen. Ebenso der Delfin, an den Poseidon sich die ganze Zeit anlehnt. Als der Alte sich bückt, um sich die Scherben genauer anzusehen, entdeckt er noch etwas. Da funkelt und glitzert etwas im Abendlicht wie ein kleiner Diamant. Es liegt auf einem Eichenblatt und muss in dem Gefäß gewesen sein. Der Wanderer hebt das Blatt vorsichtig auf und besieht sich das funkelnde Etwas. Doch es scheint nur Wasser zu sein – ein Tautropfen etwa, der auf dem Blatt ruht und sich im Licht in schönsten Farben bricht.

„Nimm das mit!“, spricht da der Delfin zu ihm.

Der Wanderer blickt auf und schaut den freundlichen Meeressäuger an:

„Es möchte an einen bestimmten Ort", sagt der Delfin. „Und wo befindet sich dieser Ort?", antwortet der Wanderer und schaut den Delfin fragend an. „Du wirst es wissen, wenn du dort angekommen bist!" Der Wanderer möchte noch etwas fragen, doch der Delfin ist längst wieder versteinert und regt sich nicht mehr. Also packt der Wanderer die Gabe ein und geht seines Weges.
Ja, das passt zu Poseidon, gleich das Gefäß zu zerschmettern. Er war eben stürmisch wie die See. Kaum erzürnte ihn etwas, gab es riesige Taifune oder gigantische Flutkatastrophen machten den Menschen das Leben schwer und brachten vielen den Tod.

Nur der Überredungskunst seines Lieblingsdelfins hatte Poseidon es zu verdanken, dass damals die schöne Amphitrite einwilligte, ihn zu heiraten. Diese nahm nämlich zunächst Reißaus, als sie von Poseidons Plänen, sie zu freien, hörte, denn sie hatte sich geschworen, ihr Leben lang unverheiratet zu bleiben. Als Zeichen ewiger Dankbarkeit an den Delfin warf Poseidon dessen Umrisse als Sternbild an den Himmel.

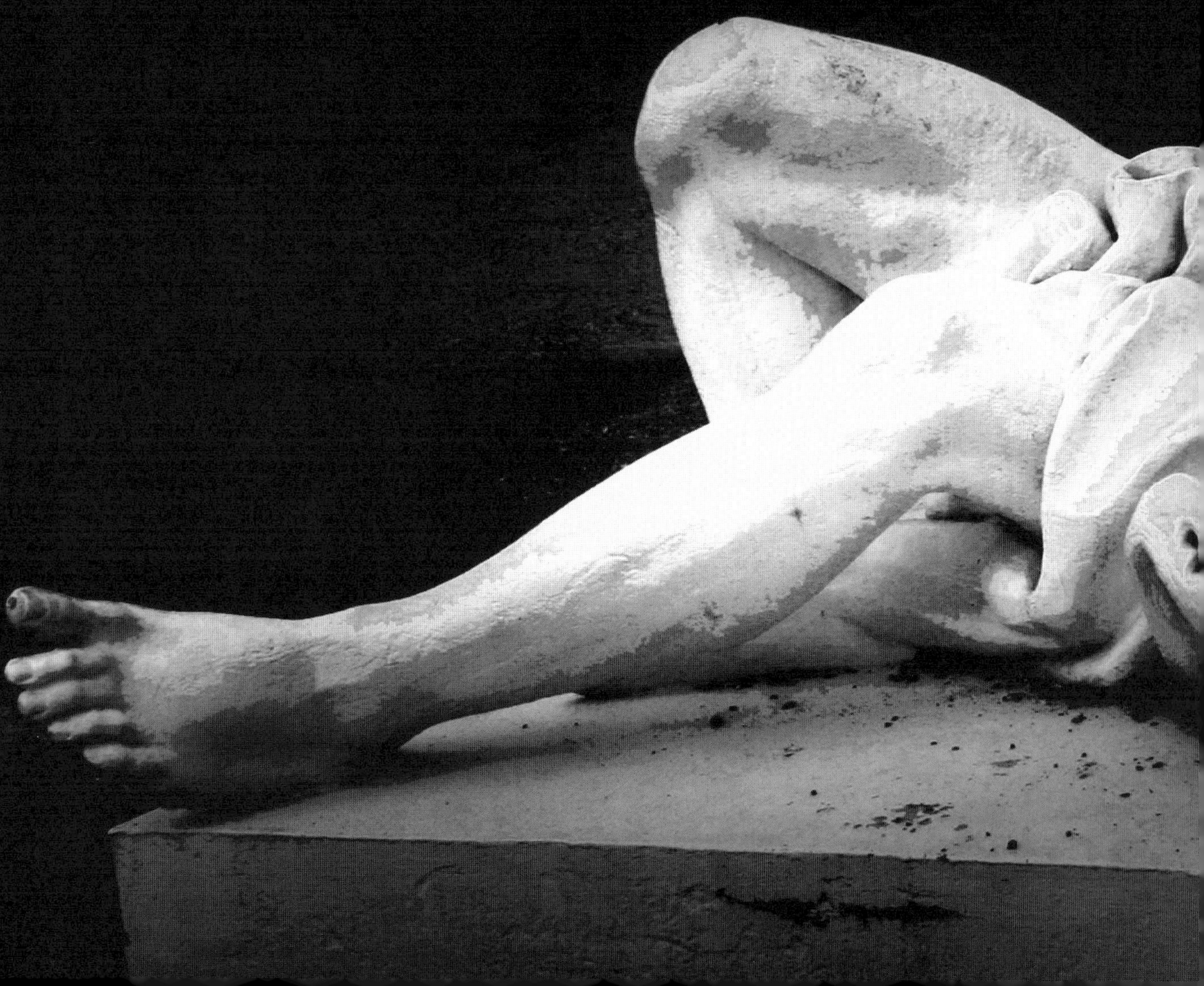

Die schöne Galathea (gr. Galateia)

Beim Weiterziehen gelangt der Wanderer in einen Hain und entdeckt dort eine wunderschöne Frauenstatue mit langem Haar, welches sie sich gerade zurechtlegt.

„Ob dieses hübsche steinerne Wesen nun auch gleich zum Leben erwacht und mich ansprechen wird?", überlegt er und stellt sich vor ihr auf. Er wartet. Nichts geschieht – da räuspert er sich einmal und noch einmal – doch die zauberhafte Statue regt sich nicht.
Der Wanderer will sich gerade voller Bedauern abwenden um weiter des Weges zu ziehen, da wird er von einer forschen Stimme angesprochen:

„Guten Tag, der Herr."

Der Wanderer erschrickt, weil er bisher nur die grazile Frauengestalt wahrgenommen hat – aber mitnichten – da gibt es noch jemanden. Ganz unten – zu Füßen der schönen Dame – liegt noch eine Gestalt. Sie ist männlich, jedoch halb Mensch und halb Fisch.

„Ja – mein lieber Herr – schaut Euch die schöne Nymphe Galateia nur lange an – auf dass ihr Euch ihr Bild einpräget. Denn ein Mädchen von solcher Erhabenheit wird Euch nur noch selten im Leben begegnen! Sie ist eines der 50 unsagbar schönen Kinder der Meeresgötter, genauer gesagt Tochter des Nereus und der Doris.
Hier – sehet nur, welch schöne Kette, mit Muscheln und Perlen verziert, ich ihr darbiete. Doch meine Angebetete nimmt keine Notiz von mir. So geht und ging es leider vielen, die dachten, sie könnten die Nymphe für sich gewinnen. Am schlimmsten aber erging es dem armen Akis. Ach – ich erinnere mich wohl an den jungen Mann – was sag ich – er war fast noch ein Kinde mit seinen gerade mal 16 Jahren! Zart war seine Haut und schön sein Antlitz. Galateia war von ihm ausgesprochen angetan, ja – die beiden liebten sich sehr! Doch da gab es diesen schrecklichen Polyphem. Einäugig war er – ein Zyklop – und am ganzen Körper behaart wie ein Tier. Und auch er kämpfte um die Gunst der schönen Nymphe und sollte diese auch letztendlich dank seiner brutalen Kraft gewinnen. Er wurde schließlich ihr Gatte und sie gebar ihm ein Kind. Doch da Polyphem die Zuneigung seiner Gattin zu jenem Knaben noch immer ein Dorn im Auge war, schlug der schreckliche Kerl auf den armen Akis ein. Ich selbst war nicht dabei, als diese unrühmliche Bluttat geschah. So kenne ich zwei Enden dieser Geschichte: einmal, dass die hübsche Galateia sich unbeeindruckt davon ihr bezauberndes langes Haar kämmt und Akis sterben lässt, oder aber, dass sie einschreitet und es ihr gelingt, Akis zu retten. Damit diese Tat nie vergessen werde, ließ die Nymphe das von Akis vergossene Blut zu einem Fluss werden, der auf ewig dort, wo der Kampf erfolgte, aus einem Felsen entspringt. Da ich tiefstes Mitgefühl mit dem armen Knaben verspüre, hoffe ich, dass die zweite Version die wahre ist ..."

Mit diesen Worten erstarrt der Verehrer wieder zu Stein. Galateia aber erwacht nicht. Sie scheint nicht glücklich zu sein mit ihrem Schicksal – wen wundert's. An der Seite eines tyrannischen Zyklopen leben zu müssen, erscheint ihr sicher nicht erzählenswert. Dem Wanderer fällt unterdes wieder die eben geführte Unterhaltung mit Poseidon ein, der seinen Sohn Polyphem ja mit ganz anderen Augen zu sehen schien... .

Ceres (gr. Demeter) und das Schicksal von Proserpina (gr. Persephone)

Der Alte verlässt nun wieder den düsteren Hain der Galateia und trifft erneut auf die Statue einer Frau von atemberaubender Gestalt. Und im Gegensatz zu Galateia ist diese gleich sehr mitteilungsbedürfig! Sobald sich der Wanderer in Hörweite befindet, beginnt sie zu sprechen:

„Hier siehst du mich – in meiner prächtigen Gestalt – ich bin die Göttin des Wachstums und des Erdreiches. Aber nicht nur über das Leben wache ich, sondern auch über den unaufhaltsamen Tod!“

Der Wanderer sieht sich die Statue an: „Ja – Eure göttliche Reinheit, Euren allerstrahlenden Glanz, den sehe ich Euch an – und Euer Kopfschmuck besteht aus Früchten der Natur – graziös! Aber sprecht, schöne Frau, warum wacht Ihr gleichfalls über den Tod?“

Da antwortet Demeter bestimmt:
„Tja – warum der Tod bei mir eine so große Rolle spielt, das hat mit dem Schicksal meiner Tochter Persephone zu tun. Lass mich dir die Geschichte erzählen:
Eines Tages hatte Hades, der Gott der Unterwelt, beschlossen, meine liebliche, jungfräuliche Tochter Persephone zu entführen. Er wollte sie zur Gemahlin nehmen. Eines lauen Frühlingstages, die Wolken standen dunkel und bedrohlich am Himmel, spielte Persephone wieder einmal Verstecken mit den Jungfrauen ihres Gefolges. Unterdessen fuhr eine goldene Kutsche vor und Persephone ließ sich verleiten, magisch angezogen von wunderschön anmutenden, verführerisch duftenden Narzissen im Innern der Kutsche, in diese einzusteigen. Hades wusste, dass meine Tochter Blumen über alles liebte. Sicher würde sie diese genau betrachten und an ihren Blüten schnuppern wollen. Seine List gelang und die rabenschwarzen Rosse dieses unheimlichen Gespannes zogen sie alsdann fort in die Unterwelt – ins Reich der Toten. In der Kutsche hielt Hades selbst meine arme, vor Aufregung und Entsetzen laut aufschreiende Tochter fest. Die Todesrufe waren von solch durchdringender Lautstärke, dass sie über das ganze Reich hinweg bis zu mir zu vernehmen waren. Von diesen schrecklichen Klagerufen getrieben, flogen all überall schwarze Krähen empor, so viele, dass sich der Himmel von ihrem dunklen Gefieder verdüsterte. Ich war so verzweifelt über das Verschwinden meiner Tochter, dass ich auf der Stelle die gesamte Natur auf der Erdenwelt zu wachsen und zu gedeihen aufhören hieß. Graue Schleier legten sich auf die trostlose Landschaft. Darüber stand dräuend der wolkenverhangene Himmel, der sich seit dem Zeitpunkt von Persephones Entführung in seinem düsteren Erscheinungsbild nicht mehr veränderte. Doch die Erdenlandschaft war noch freundlich, verglichen mit dem, was die arme Persephone in der Unterwelt erblickte: Sie wurde mit einer Fähre von einem unheimlichen Fährmann über die Styx gebracht, ein schwarzes, mooränhliches Gewässer. Am Ende des Flusses wies die dunkle Gestalt mit einer finsteren Gebärde seinem Fährgast mit dem Ruder den Weg. Persephone ging wie in Trance, Schritt für Schritt in die düstere Höhlenwelt hinein. Sie kam auch am Höllenhund Zerberus vorbei, der sie mit seinen fünfzig Köpfen mit bedrohlich rot aufleuchtenden Augen anknurrte. Noch wusste ich weder, wo mein geliebtes Töchterlein sich befand, noch was geschehen war. Mein armes, armes Kind, ein grauenhafter Schmerz erfüllt noch heute mein Herz, wenn ich daran denke, was sie durchlitten hat. Ich wurde immer unglücklicher und verließ alsdann das Reich der Götter, um mich, unkenntlich gewandet, unter die Menschen zu mischen. Schon bald bekam ich in Eleusis eine Anstellung als Amme und kümmerte mich um den kleinen Demophon, den Sohn von Metaneira und Keleos. Voller Hingabe nahm ich mich des Neugeborenen an. Ich suchte Trost, schmerzte doch noch immer mein Herz ob des Verlustes meiner Tochter. Ich wollte dem Kleinen ewige Jugend schenken und ihn so vor dem Tode beschützen. Also übte ich an ihm ein nächtliches Ritual: Ich ölte ihn mit Ambrosia ein und legte ihn eine kurze Zeit lang ins Feuer. Dies sollte ihn stärken. Als eines Nachts allerdings die Mutter des Kleinen dies mitbekam, wurde sie von panischer Angst ergriffen. Sie dachte, ich wolle ihr Kind tö-

ten und schrie mich entsetzt an. Da wurde ich sehr zornig – wollte ich dem Kleinen doch nur Gutes tun! Ich legte das Kind beiseite und zeigte mich selbst in meiner schönsten, leuchtendsten göttlichen Gestalt. Alsbald war Keleos' ganzes Haus vom wundersamen Lichte erfüllt und roch nach allerlei lieblichen Düften. Da erst begriff Metaneira, wer ihre Amme in Wirklichkeit war. Als Huldigung wurde mir daraufhin in Eleusis ein gewaltiger Tempel errichtet. Dorthin begab ich mich dann in tiefer Trauer.

Ich wandte meinen Blick ab von den Menschen, wollte das Land nicht sehen, das mehr und mehr verkümmerte und verwelkte. So sehr die Menschen sich um den Ackerbau bemühten, sie schafften es nicht, aus dem Land fruchtbaren Boden zu gewinnen. Schließlich bemerkte dies der mächtige Zeus. Er sah bald darauf ein, dass er einschreiten musste, damit ich endlich meine Tochter wiederbekäme. Ansonsten müsste die Menschheit bald den Hungertod sterben. Und so schickte er den diplomatischen Hermes in die Unterwelt, um Persephone von dort zu befreien. Mein Mädel war schon ganz blass und abgemagert vor lauter Kummer – sie vermisste mich genauso wie ich sie! Und Hades, ihr Gatte, wusste, dass er Zeus' Befehl gehorchen musste. So bot er Persephone als Andenken an ihn drei Granatapfelkerne an und bat sie, seine Liebe im Herzen zu bewahren. Persephone wusste nicht, dass derjenige, der aus der Unterwelt etwas mitnahm, immer wieder an diesen Ort zurückkehren musste. Voller Freude, wieder die Unterwelt verlassen zu dürfen, nahm sie die Kerne, stieg in die goldene Kutsche und die nachtschwarzen Rösser zogen sie, geführt von Hermes, fort – hinweg aus der düsteren, kalten Welt des Todes – hin zum mir. Die Wiedersehensfreude war grenzenlos, ich umarmte meine geliebte Tochter so, als ob ich sie nie wieder loslassen wollte und begrüßte sie von ganzem Herzen!"

Der Wanderer sieht in Demeters Augen – diese glänzen und ihre Gesichtszüge werden ganz weich, kaum noch vorzustellen, dass die Statue aus Stein gehauen ist. Doch plötzlich versteift sich ihre Miene wieder, der Glanz ihrer Augen erlischt und weicht einem sehr ernsten Blick:

„Tja – und dann erzählte mir mein aufgeregtes Kind von den drei Kernen ihres Gatten. Ich war entsetzt – so würde ich nun erneut meine Tochter in diese grässliche, düstere Welt zu den Toten gehen lassen müssen? Doch Zeus beschloss, dass es so geschehen möge, dass Persephone nur ein Drittel des Jahres in der Unterwelt verbringen müsse. Immer dann, wenn es Winter wird, gerät die gesamte Flora und Fauna unter den Einfluss des Todes. Dann fängt die Natur aus Trauer um das Verschwinden meiner Tochter an, ihre Farben zu wechseln, die Bäume weinen, indem sie ihre Blätter abwerfen und der Boden trägt über diese Zeit keine Früchte mehr. Erst wenn mein geliebtes Kind wieder aus dieser Düsternis entlassen wird, kann die Natur erneut zu blühen beginnen und der Boden im Stande sein, nahrhafte Früchte zu tragen. Ich musste mich wohl mit diesem Schicksal abfinden – so begann ich, das Land wieder wachsen zu lassen und weihte einen Botschafter der Menschheit in alle Mysterien und heiligen Riten des Wachstums ein, auf dass die Erde bald wieder gedeihe."

Mit diesen Worten versteinert die Figur wieder und lässt den Wanderer mit seinen Gedanken alleine. Dieser fühlt dem Schicksal von Mutter und Tochter noch lange nach. Es dreht sich in dieser Geschichte vieles um den unendlichen Schmerz, den eine Mutter verspürt, wenn sie ihr Kind verliert. Aber es ist auch eine Geschichte der Hoffnung. Diese liegt in der Auferstehung der Persephone aus dem Reich der Toten, wenn der Winter zu Ende geht und der Frühling kommt. Darum wird Demeter auch als trostspendende Göttin der Trauernden angerufen.

Volveryn „Vereinsamt"
www.myspace.com/volveryn

Der Winter und seine Vergänglichkeit

Noch während er über Demeters und Persephones Geschichte nachdenkt, wird der Wanderer auf seinem Weg abermals angesprochen:

„Ach nein, wie schrecklich doch meine Entstehungsgeschichte ist. Ich schäme mich immer wieder für Hades. Wie konnte er der armen, lieblichen Persephone und deren Mutter dies antun! Doch ohne diese grässliche Geschichte gäbe es mich nicht – weder mich, den Winter, noch eine der anderen Jahreszeiten! Durch uns werden die Menschen immer wieder an die Vergänglichkeit des Lebens erinnert.“

Der Wanderer schaut die gewaltige, starke Männerstatue, die sich vor ihm aufgebaut hat, verdutzt an. Darüber hatte er sich bisher noch keine Gedanken gemacht.

„Ja – Wanderer, so ist es auch mit dem Leben! Nicht nur in der Natur draußen wird es irgendwann dunkler und kälter. Alles, was zu Anfang seines Lebens noch sprießt und feste Wurzeln fasst, beginnt irgendwann zu welken und abzufaulen. Aber wo etwas scheidet, da kommt auch wieder etwas Neues, Frisches nach. Das ist der Kreislauf der Natur. Und der Mensch muss sich diesem unterwerfen. Das Werden und das Vergehen wird gleichermaßen immer stattfinden, solange sich die Erde dreht. Meine Gefährten, der Frühling und der Sommer, machen sich darüber keine Gedanken. Ihre Gemüter sind unbeschwert und heiter. Sie sehen nur das Schöne, Warme und Helle. Ich beneide sie. Bin ich doch selbst inzwischen schwermütig geworden. Immerzu herrschen Dunkelheit und Kälte um mich herum. Aber das ist mein Schicksal, das ist meine Zeit.“

Der goldene Herbst

Da mischt sich plötzlich eine Statue in überheblichem Ton ein, die unweit vom Winter ihren Platz im Park hat:

„Ach ja, Winter, du hast auch deine schönen Seiten. Ich persönlich bewundere das wundervolle weiße Kleid, das du der Erde schenkst, sehr! Kristallene Schmuckornamente bedecken Bäume, Zweige und selbst die kleinsten Gräser sind mit reichem, funkelnden Reif bedeckt. Du machst die Natur bereit für den Frühling, ziehst ihr ein weißes Brautkleid an."

Der Wanderer folgt der Stimme zu einer weiteren Figur, die schon wieder verstummt ist, bis der Wanderer bei ihr angelangt ist. Aber man kann auf ihrem Sockel deutlich lesen, um wen es sich handelt: „L' Automne" – der Herbst.

„Na ja!", denkt sich der Wanderer, „Der hat gut reden! Er schenkt den Menschen die Fülle stattlicher Früchte und macht sie damit glücklich. Durch sein goldenes Kleid, in das er die Natur hüllt, wirkt diese geradezu königlich, ja göttlich in ihrem Aussehen. Aber der Herbst hat natürlich recht, auch im Winter gibt es Naturschönheiten zu bestaunen! Und der Herbst selbst kündigt ja auch schon das Absterben an, die Schwermut, die im Winter ihre Vollendung findet. Jedenfalls sieht der Herbst in seiner Gestik und Mimik, so unbeweglich er dazustehen scheint, doch sehr erhaben aus!

Aber was ist das für ein Knabe an seiner Seite? Es scheint ein aufgewecktes, freches Kerlchen zu sein. Ein bocksbeiniges Satyrkind. Ob das der kleine Pan ist? Was macht er denn da neben dem Herbst? Frech grinsend streckt er ihm Weintrauben entgegen, auf einem abgestorbenen Baumstumpf sitzend!

Amüsiert betrachtet der Wanderer die lebhafte Figur. Weintrauben werden im Herbst geerntet – geherbstet, sagt man auch. Aber ob dem Herbst bewusst ist, dass er im alten Griechenland gar nicht existiert hat? Damals gab es ausschließlich die Jahreszeiten Frühling, Sommer und Winter. Sie wurden als Horen verehrt: Gottheiten, die dafür sorgten, dass das Leben seine Regeln einhielt und seinen gewohnten Lauf nehmen konnte. Mit dem mächtigen Zeus als Herrn Papa waren sie sehr einflussreich. Einst verschoben sie die mächtigen Wolkengehänge am Himmelseingang. Und wenn sie diese öffneten und verschlossen, dröhnte und donnerte es laut auf der Erde!

Auf dem weiteren Weg kommt der Alte auch an den Statuen Frühling und Sommer vorbei. Er betrachtet sie; sie bleiben stumm, sind jedoch eindeutig zu erkennen: der Sommer mit einem frisch abgeschnittenen Ährenbündel auf dem Arm und der Frühling umrankt von Blumen und Blütengirlanden. Hübsch anzusehen sind die beiden weiblichen Statuen. Zu schade, dass die beiden anmutigen Damen den Wanderer nicht ansprechen möchten. Diesmal wird der Alte nicht in ihre Mythen eingeweiht.

Apoll (gr. Apollon) und das Orakel von Delphi

Der Wanderer zieht weiter, schreitet auf den Wegen des Parks, bis er in unterirdische Grotten gelangt. In feuchtkalter Dunkelheit durchwandert er fröstelnd die düsteren, an den Hades, die schreckliche Unterwelt, gemahnenden Gänge.
Da hält der Alte einen Moment inne. Ihm ist schaurig zumute. Gedanken werden in ihm wach: Wie oft schon stand er in seinem Leben an tiefen Abgründen, wie oft hat er schattenreiche Wege beschritten. Und immer wieder schaffte er es dennoch, Licht zu gewinnen. Nur Mut also ... er wird auch hier nach draußen finden!
Plötzlich steht er wieder im hellen, warmen Lichte der untergehenden Sonne. Geblendet von dem Anblick des sich im sanften Abendlicht vor ihm auftuenden Tempels nimmt er zunächst nur schemenhaft eine Gestalt wahr, die sich im Inneren des Bauwerks befindet. Sie ist von göttlicher Anmut: Formvollendet und erhaben steht sie in der Mitte des Tempels. Überwältigt von diesem theatralisch anmutenden Ensemble und zugleich beeindruckt von der machtvollen Pose der Statue, wird der Wanderer plötzlich begrüßt:

„Sei gegrüßt, Wanderer! Wenn ich mich vorstellen darf – ach was, sicher kennst du mich eh'! Wer kennt mich schließlich nicht? Apollon, Sohn von Zeus und Leto! Wie könnte man mich, den Gott des Lichts, auch übersehen? Vor allem den Damen habe ich es angetan, mit meinem athletischen Körper! Ich entspreche - ach, was sag' ich - ich übertreffe mit meinem makellosen Äußeren die Idealbilder aller Zeiten! Außerdem kennt mich jeder als begnadeten Spieler meiner Lyra – ja, ich bin ein brillanter Musiker. Mein Bruder Hermes war es, der dieses wahrlich göttliche Instrument erschaffen hat.

Ich beherrsche nicht nur alle denkbaren Künste, nein, mehr als dies – ich verfüge über sie! Und somit bin ich Herr über die Musen, die mir untertänig überall hin folgen. Niemand kann mir widerstehen, nichts bleibt vor mir verborgen, nicht mal die geheimsten Gedanken. Ich weiß alles – wirklich alles, auch was die Zukunft uns bescheren wird!

Doch so lass mich dir, bevor du weiterziehst, noch eine meiner turbulentesten und ruhmreichsten Geschichten erzählen:

Eines Tages befand ich mich auf Wanderschaft nach Delphi, wo das legendäre Orakel beheimatet war, von dem du sicher schon gehört hast. Dieses aber wurde von fürchterlichen Ungetümen bewacht. Es gab dort riesige Schlangen mit schrecklichen Augen, zischend und züngelnd und von Grund auf böse. Niemand wagte es, sich ihnen entgegenzustellen. Jedoch war, was sie bewachten, von zu großem Reize, als dass ich es nicht doch gewagt hätte: Die Bestien umlagerten die Quelle des Wissens um die Zukunft. Diese brodelte tief aus dem Erdinneren heraus und war geradezu magisch in ihrer Art.
Was meinst du, Wanderer, was hätte ich tun sollen? Du wirst sicher nachvollziehen können, dass ich alles wagte, um diesen Quell mein Eigen zu nennen. Und so geschah es! Es war ein langer, heftiger und blutiger Kampf. Die boshaften Augen der Ungetüme sandten Dolche mit ihren Blicken, fauchend und keifend versuchten sie, mir ihr Gift einzuflößen. Doch meine Gewandtheit übertraf die der Bestien und ich enthauptete sie mit einem Schwerthieb. Fortan war ich Herr über dieses Orakel, über das „Orakel von Delphi", zu welchem – von überall her – viele Menschen pilgerten, um es um Rat zu bitten.
Soweit, mein guter Wanderer, jetzt hast du mich kennenlernen dürfen. Zieh nun getrost weiter des Weges, doch gib Acht, es halten sich noch einige weniger harmlose Figuren im Park auf. Sei also auf der Hut!"

„Ganz schön von sich eingenommen, dieser Apollon. Das muss man schon sagen: Herr über alle Künste – das mag ja sein. Die Kunst der Bescheidenheit wohl ausgenommen!", denkt der Wanderer im Stillen und geht weiter des Weges. Die Warnung Apollons hat er bei all der Prahlerei beinahe überhört. Doch bald soll er sich wieder daran erinnern... .

Najaden – Hüterinnen des Wassers

Der Wanderer steigt vom Apollotempel hinab und kommt an einer seicht dahinplätschernden Quelle vorbei, die bewacht wird von zwei wohlgestalteten jungen Frauen mit entblößtem Oberkörper. Die Blicke des Wanderers können nicht von ihnen lassen – bis diese den Alten schließlich ansprechen:

„Hey, du da – ja, dich meinen wir, dreh dich nicht weg! Du brauchst nicht zu erröten – wir wissen, dass wir schön sind! Schön, lieblich und mädchenhaft. Komm ruhig etwas näher und lausche dem, was wir dir erzählen möchten.
Wir lieben es, uns im Tanze zu drehen und in der Natur zu spielen. Es macht uns stolz, als Göttinnen der Fruchtbarkeit gepriesen zu werden. Wir sind Quellnymphen, also Najaden. Unser Vater Okeanos hat uns an diesen geheimnisvollen Ort geschickt, um ihn zu beschützen. Wir wohnen in den unterirdischen Grotten. Die Gewässer, die wir Quellnymphen bewachen, haben allesamt magische Wirkung. So auch dieser Quell, die Hippokrene. Er ist einst von dem gewaltigen Pegasos, dem geflügelten Ross der Musen, durch einen bloßen Schlag seiner Hufe auf den erdigen Boden freigelegt worden. Das Wasser hat eine magische Wirkung, es soll heilen und poetische Kräfte verleihen! Wenn du, lieber Wanderer, ein Dichter wärest, so könnte es dich in deiner Kunst bestärken. Dieser Berg, auf dem wir uns befinden, ist kein geringerer als der sagenumwobene Helikon, der Sitz der Musen. Weißt du, lieber Wanderer, es ist uns eine Ehre, einen so wertvollen und geheimnisvollen Ort zu bewachen. Nichts könnte uns von hier fortlocken. Aber wehe, wenn das Wasser einmal versiegen sollte. Dann sind wir dem Tode geweiht, denn das Austrocknen des Gewässers ist das Todesurteil einer jeden Quellnymphe. So bitten wir dich, lieber Wanderer, ehe du weiterziehst, lass ein Gebet für uns da!“

Der Wanderer schaut verlegen drein – das Beten hat er lange verlernt. Sein schattenhaftes Dasein – seine Getriebenheit in dieser Zwischenwelt, in der er sich so lange nun schon befindet, hat seinen Glauben an etwas Behütendes, gar Göttliches, vollkommen zunichte gemacht. So verlässt er die Nymphen mit einem kurzen: „Gott beschütze Euch!“

Das Rätsel der Sphinx

Als er den Hügel des Apollotempel weiter herab schreitet, führt der Weg den Wanderer zu Statuen von animalischer Gestalt. Sie scheinen sich ihm regelrecht in den Weg zu stellen, in ihrer halbkreisförmigen Anordnung. Eigentlich will er an den teils menschlichen, teils tierartigen Wesen schnell vorübereilen, in der Hoffnung, dass diese nicht auch zum Leben erwachen würden. Aber ein schriller Schrei lässt ihn zusammenzucken und innehalten:

„Halt – bleib stehen, Wanderer! Wir sind die mächtigen Sphingen, Töchter der Echidna. Wage es nicht, weiterzuziehen, ehe du uns nicht folgendes Rätsel beantwortest: Nenne uns ein Lebewesen, welches morgens auf vier Füßen läuft, mittags auf zweien und abends auf dreien?"

Der Wanderer erstarrt vor den grauenvollen, ihn mit ihren Blicken scheinbar durchbohrenden Gestalten. Halb sind sie Frau, mit unverhülltem Oberkörper, und halb sind sie Löwe. Beinahe wie ihre Mutter Echidna, die den Oberkörper einer liebreizenden Frau besaß, der jedoch von der Taille abwärts in einen Schlangenleib überging. Ihrer Tochter gab sie einen Namen, der das Wort „sphingo" enthielt, was zu deutsch „erwürgen" heißt: Die Sphinx!
Die Göttin Hera, Gemahlin des Zeus, hegte einen unbändigen Hass gegen die Stadt Theben, da sie mit mehreren Affären ihres Mannes in Verbindung stand. Also sandte die wütende Göttin die Sphinx nach Theben, die Stadt heimzusuchen. Die lauerte Wanderern vor der Stadt auf und wartete auf eine Antwort, zu der einst nur Ödipus fähig war, sie zu geben. Und die lautet: „Der Mensch", denn dieser krabbelt am Anfang und benutzt damit alle vier Extremitäten um vorwärtszukommen. Später kann er auf zwei Beinen aufrecht gehen. Aber im Alter benötigt er dann meist einen Stock, welcher das dritte Bein darstellt. Aus lauter Entsetzen darüber, dass Ödipus das Rätsel lösen konnte, stürzte sich seinerzeit die Sphinx von ihrem Felsen in den Tod.

Was aber passiert jetzt mit unserem Wanderer? Nun, er hat Glück, denn hier im Schlossgarten Schwetzingen gelten die Sphingen lediglich als Musen des Parks und ergänzen somit die Gesamtkonstellation des Naturtheaters in idealer Weise. Sie haben also nur noch wenig mit der ihre Opfer erwürgenden Sphinx vor Theben gemein.
Dennoch prägt sich der Alte im Weitergehen diese Statuen und ihren Standort im Park genau ein – er möchte diesen sonderbaren Wesen nicht noch einmal begegnen!

Titus Pullo „Sphinx"
www.titus-pullo.de

Pan und das Geheimnis seiner Flöte

Der Wanderer zieht weiter des Weges, als er plötzlich wundersame Flötenklänge vernimmt. Wo mögen diese geheimnisvollen Töne nur herkommen? Er durchläuft, von dem Flötenspiel geleitet, die labyrinthartigen Laubengänge des Parks. Plötzlich steht er vor einer groß angelegten Felsformation, auf der ein eigenartig aussehender, Flöte spielender Kerl hockt.

Es ist Pan. Zur Mittagsstunde, wenn die Sonne drückt und die schwüle Hitze über dem Land liegt, pflegt er seinen Schlaf zu halten. Er legt sich dazu in schattige Haine oder in tiefe Gebüsche und ruht sich dort aus. Aber wehe dem, der es wagt, ihn in seinem Schlaf zu stören. Dann fährt Pan mit grellem Geschrei auf und jagt dem Störenfried auf diese Weise einen gewaltigen Schrecken ein! Von dieser „Technik des Vertreibens und Erschreckens" und seinem Namen soll auch das Wort „Panik" hergeleitet sein. Der Wanderer hat also Glück, ihn wach anzutreffen!

Es wird gemunkelt, dass auf Wald und Wiesen manchmal der Pan in mehrfacher Gestalt umhergeht. Gespenstisch hocken diese Kerle in versteckten Winkeln oder düsteren Baumlöchern. Außerdem hält Pan sich gerne in den Bergen auf und wurde so auch zu einem Leitbild für Jäger.

Er ist die Gottheit der Hirten und Sohn des Hermes. Man erzählt sich, seine Mutter, eine schöne Nymphe, habe der Anblick ihres Säuglings völlig verschreckt. Das Gesicht des Kleinen war voller Bartstoppeln und sein Antlitz sah grausig aus! Die arme Mutter lief davon und kehrte nie wieder zu ihrem Kinde zurück. Zu seiner Behaarung, die sich über den ganzen Körper zieht, kommt noch dazu, dass er Bockshörner und Bockshinterbeine hat. Einst nahm Hermes seinen Sohn auf den Arm und brachte ihn zum Olymp, um ihn den Göttern dort zu zeigen. Diese brachen in lautes Gelächter aus! Mit der Zeit jedoch fanden sie Gefallen an dem Kinde. Offensichtlich hatte sein schlauer und gewitzter Vater Hermes, der als Gott der Diebe und Händler bekannt ist, ihm einiges von seiner Art vererbt. Übermütig spielte Pan auf seiner Flöte leidenschaftliche Liebeslieder. Dionysos mochte den Kleinen mit dem fröhlichen Gemüt sehr gern. Zusammen mit ihm erfreute sich Pan hin und wieder bei Wein und lustigen Späßen, übermütig die Flöte spielend.

Fröhlich führt er die Satyrn und Silene, das sind naturverbundene Mischwesen, die oft Pferdefüße oder einen Pferdeschweif besitzen, an. Stets ist er darauf aus, Nymphen zu begegnen und sie mit seinen Liedern im nächtlichen Tanze lüstern zu umgarnen. So heiter Pans Wesen ist, so bösartig und grausam kann er aber auch sein! Doch lasst ihn selbst erzählen, wie er zu seiner Flöte gekommen ist:

„He, du da ... !", ruft er dem Wanderer zu, der inzwischen neugierig vor Pan stehengeblieben ist.

„Gefällt dir mein Flötenspiel? Weißt du, diese Flöte ist etwas ganz besonderes! Bist du jemals einer Nymphe begegnet? Falls ja, dann kannst du dir bestimmt vorstellen, wie diese bezaubernden Geschöpfe mir den Kopf verdrehten! Besonders die schöne Syrinx hatte es mir einst angetan. Diese aber war von meinem behaarten Äußeren leider gar nicht entzückt. Sie rannte vor mir davon. Aber weit ist sie nicht gekommen, da ihr der Weg von einem Fluss abgeschnitten wurde. In ihrer Verzweiflung bat sie die Nymphen, die in diesem Gewässer hausten, ihr zu helfen und sie in ein Schilfrohr zu verwandeln. Das taten diese auch, stell dir vor! Jetzt stand ich also vor dem Schilf – und war außer mir vor Zorn! Ich ergriff schimpfend das Rohr und brach es voller Wut in viele kleine Stücke. Plötzlich kam ein lauer Wind auf und das zerstörte Schilfrohr gab zarte Töne von sich! Verblüfft sah ich mir das Schilf an, nahm eines der Rohre, pustete hinein – und abermals erklang ein sanftes Pfeifen, diesmal ein wenig tiefer als zuvor. Begeistert sammelte ich alle zerbrochenen Rohrstücke wieder ein und bastelte daraus meine Flöte. Zu Ehren der Nymphe, die dabei ihren Tod fand, gab ich ihr den Namen Syrinx. Die Melodien, die daraus entspringen, sind voller Leidenschaft und Sehnsucht – so wie einst meine Leidenschaft und Sehnsucht nach der schönen Nymphe ... ."

„Was für eine grausame Entstehungsgeschichte für so ein zartes Instrument!", denkt sich der Wanderer. Hatte Pan einst gar kein Mitleid mit der armen Nymphe? Hastig macht sich der Wanderer wieder auf den Weg. Er traut dieser bedrohlichen Kreatur nicht! Also verschwindet der Alte schnellen Schrittes im Park.

Black Chameleon „Dreaming Faunus":
www.black-chameleon.com

Die schwere Geburt des Bacchus (gr. Dionysos)

Bald läuft der Alte an einem eigenartig anmutenden Rinnsal entlang und kommt zu einer Gruppe spielender Kinder. Von weitem sieht das Treiben sehr kindlich und amüsant aus. Je näher er jedoch kommt, desto markanter wird das „Schauspiel“: Dort sieht man Kleinkinder mit Seeungeheuern ringen – sie scheinen mit ihnen zu kämpfen! Wo anders treiben Kinder – ebenfalls nicht älter als höchstens zwei Jahre – mit einem Ziegenbock ein quälendes Spiel. Der Wanderer bleibt verwundert stehen. Die kindlichen Figuren scheinen ihn nicht zu beachten – oder haben sie ihn im mitreißenden Geschehen noch gar nicht wahrgenommen?
Die dunkle Schattengestalt steht vor den Kindern und kommt aus dem Staunen gar nicht mehr raus. „Was mag das nun wieder heißen?“, fragt sich der Alte. Aber ihm bleibt kaum Zeit zum Nachdenken, wird er doch von einer tiefen, klangvollen Stimme gerufen:

„Sind sie nicht klasse, die Kleinen? Es sind Kinder meiner Gefolgschaft! Sie machen meinem Namen alle Ehre – das sind Bacchantenkinder!“

Der Wanderer schaut sprachlos eine Statue an, die etwas abseits der Figuren platziert ist und die er zunächst gar nicht gesehen hat, so vertieft war er in das rätselhafte Tun der Kinder. Da spricht die Statue weiter:

„Ach so? Willst du etwa behaupten, du wüsstest nicht, mit wem du es zu tun hast? Gib Acht, Wanderer, denn gleich wirst du mich kennenlernen! ... Aber nimm erst einen Schluck Wein aus meinem Pokal – oder besser noch, trink ihn gleich ganz aus! Das erleichtert dir das Zuhören und erlaubt deinem Verstand, dein Herz zu erweitern ...“

Der Wanderer weiß erst nicht, ob er dieser eigenartigen Gestalt zwischen Himmel und Hölle trauen kann – aber dann fragt er sich, was er denn zu verlieren hätte. Schließlich irrt er schon seit einer Ewigkeit hier im Park umher – nicht mehr wissend, was böse, was gut, was sein, was nicht sein, was vergangen und was noch gar nicht da gewesen ist ... also nimmt er den gefüllten Kelch und trinkt – und trinkt – und trinkt ihn leer. Ach – wie gut der Tropfen war! Und... ach – wie fein es wäre, hier einen Schlafplatz zu finden .... Beinahe hätte die Schattengestalt vergessen, dass sie ja gar nicht schlafen kann! Auch nicht mit einem großen Kelch guten Bacchusweins intus, den er gerade in schnellem Zuge genossen hat, ... auch nicht, obwohl die Müdigkeit der Jahre – ja der Jahrhunderte auf dem armen Wandergesellen lastet.
Dennoch verfällt er in eine Art Schlaf – einem Wachzustand, der dem Traum sehr nahe ist. Während dieses Zustands bemerkt er ein Frösteln. Er wundert sich: vom Wein kann es ja kaum kommen. Nein, es war eher ein Schauer – gar Furcht vor dem merkwürdigen Gesellen, der ihn betrunken machen will! Halb wach versucht er sich auf das zu konzentrieren, was dieser ihm erzählen möchte:

„So erschrickt der blasse Gesell' wenigstens nicht allzu sehr vor dem, was ich alles zu berichten habe! Zunächst mal möchte ich zu gerne über mein Entstehen erzählen. Da werde ich zwar keine guten Karten bei Hera haben, die ihr bestimmt bald im Park treffen werdet, aber ich hatte ja gar keinen Einfluss darauf. Denn mein Vater – der große Gott Zeus und Heras Gemahl – traf sich heimlich mit Semele – einer thebanischen Prinzessin. Er fühlte sich zu ihr hingezogen – aber sie durfte den Gottvater als Sterbliche nicht zu Gesicht bekommen, da sie sonst des Todes gewesen wäre. So zeigte sich mein Vater seiner Geliebten stets in menschlicher Gestalt und nur in tiefschwarzer Nacht. Irgendwann aber – Semele trug mich schon längst unter ihrem Herzen – erhielt Hera Kenntnis von Zeus' Ehebruch. Und Heras Rache war fürchterlich! Sie nahm die Gestalt von Semeles Hebamme an – welcher Semele unverbrüchliches Vertrauen entgegenbrachte. In dieser Gestalt fragte sie Semele, ob es ihr Liebhaber wirklich ehrlich mit ihr meine. Er behaupte zwar, er sei ein Gott – aber was mache sie sicher, dass er kein Betrüger war? Semele ließ dieser Gedanke nicht mehr los. Sie hatte Angst, von Zeus betrogen zu werden. Und so bat sie ihn, sich ihr in seiner wahren Gestalt zu zeigen. Zeus versagte ihr dies jedoch, da sein Antlitz zu mächtig war für die Blicke einer Sterblichen. Als Semele seinem liebesdurstigen Verlangen daraufhin aber nicht nachkam, wurde er wütend und zeigte sich ihr schließlich in seiner wahren Göttergestalt! Wut-

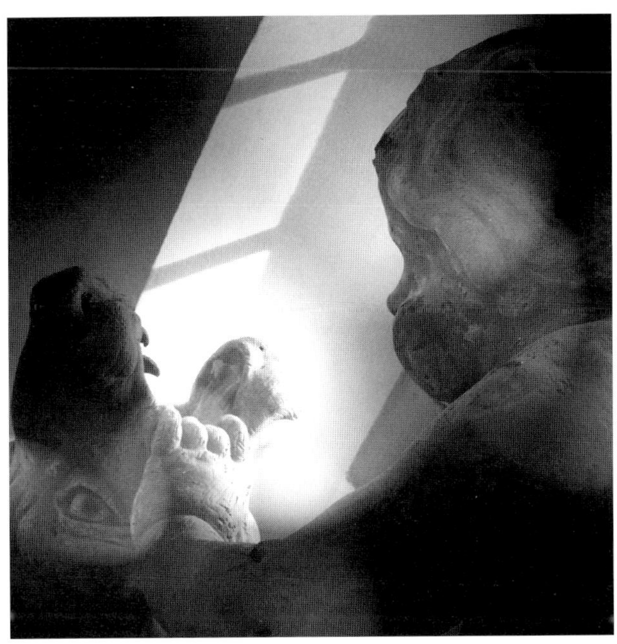

entbrannt und von Blitzen durchleuchtet näherte er sich meiner Mutter, die daraufhin sofort verbrannte. Dies bekam der Götterbote Hermes mit und rettete wenigstens mich aus ihrem Bauch. Damit ich bis zur Geburt an einem sicheren Platz weilte, nähte er mich kurzerhand in meines Vaters rechten Oberschenkel ein. An diesem eigentümlichen Ort wurde ich dann ausgetragen und schließlich geboren.

Doch ich hatte keine Ruhe vor der eifersüchtigen Hera. Kaum war ich auf der Welt, hetzte sie die gewaltigen Titanen auf mich. Diese furchterregenden, riesenhaften Gestalten rissen mich in sieben Stücke und warfen mich in einen Kessel mit heißem Wasser, um mich dort zu kochen. Allein die Titanin Rhea – meine Großmutter väterlicherseits und auch hier im Park anwesend – hatte Mitleid mit mir und setzte meine Einzelteile wieder zusammen. So wurde ich erneut zum Leben erweckt und erhielt den Namen Dionysos: „der zweimal Geborene". Durch dieses wundersame Geschehen erlangte ich Unsterblichkeit.

Auf dem Berg, auf dem ich aufwuchs und in dessen Tälern Nymphen hausten, war die Natur so einzigartig, dass sie mich dazu antrieb, den Weinanbau zu erfinden. Jene Nymphen sind wohlwollende Naturgeister und Göttinnen nicht allzu hohen Ranges. Hera konnte es nicht lassen, mich zu verfolgen, aber was sie auch versuchte, es gelang ihr nicht, mich unterzukriegen. So belegte sie mich letztendlich mit einem Zauber, so dass ich wahnsinnig wurde. Aber auch dies konnte mich nicht im Geringsten bekümmern."

Hier unterbricht die Statue für einen Moment ihre Erzählungen und schaut den Wanderer aus tiefen Augen heraus an – schließlich verzieht sich Dionysos' Gesicht zu einem breiten, finsteren Grinsen:

„Pah – was hatte sich dieses Weib nur dabei gedacht – etwa, dass mir das was ausmacht, wahnsinnig zu sein? Mitnichten! Was Besseres hätte sie mir gar nicht schenken können – so konnte ich ohne die Last des Gewissens meinen Gelüsten nachgehen! Und das tat ich auch, aus Leibeskräften! Gemeinsam mit meinem ausgelassenen Gefolge, umgeben von Satyrn und Silenen zog ich durch die Lande. Die Menschen lud ich stets als beste Freunde zum Trinken ein. Orgiastische Tänze und lautes Geschrei waren allgegenwärtig, überall, wo ich mit meinen Begleitern, den Bacchanten und Mänaden, auftauchte.

Doch irgendwann hatte ich genug von all dem Wahnsinn. Ich war es leid, ständig getrieben zu sein. So besann ich mich doch noch und machte mich mit meinen letzten Kräften zu meiner Großmutter Rhea auf, die mich von dem Zauber des Wahnsinns befreite. Schließlich blieb mir ja noch der Wahn des Rausches, um mich zügellos meinen Freuden hinzugeben. Und letztendlich musste selbst Hera mich in Ruhe lassen. Ich bekam einen Platz auf dem Olymp und konnte meine arme Mutter Semele endlich aus dem düsteren Reich der Toten zu den Sterblichen zurückholen!"

So siegte die Zügellosigkeit über die Vernunft und Sittenstrenge. Die Italiener nannten schon vor langer Zeit den gleichen Gott statt Bacchus „Liber", also den Gott der Befreiung. Er erlöst die Menschen von Sorge und Leid, bringt Lebensfreude und befreit den Geist von jeglicher Befangenheit.

Der Wanderer unterdes kann nach dem langen Zuhören wieder seine Sinne zusammennehmen und – zwar noch leicht benebelt, aber nicht mehr schwankend, weiter des Weges ziehen.

Steinwesen „Traum Geträumt"

Juno (gr. Hera) und Jupiter (gr. Zeus)

Ohne auf die Richtung zu achten, streift der Wanderer weiter durch den Schlossgarten. Getrieben von innerer Unruhe durchwandert er Querwege, kommt an Gebüsch und Baumreihen vorbei. Schließlich gelangt er wieder auf die Hauptallee. Die Abendsonne wirft ein fahles Licht auf die weißen Statuen, als wolle sie die Szenerie eines besonderen Bühnenstücks ausleuchten. Alsbald wird der Alte abermals von einer Figur angesprochen:

„Sei gegrüßt, Wanderer, mein Name ist Hera. Ich bin das Sinnbild des Elementes Luft. Meine Aufgabe ist der Schutz der Ehe und der Niederkunft. Ich lebe nach meinen Idealen und sorge dafür, dass auch andere nach ihnen streben mögen."

Der Wanderer schaut die weiße Dame an. Hoch erhebt sie ihren Arm, fast pathetisch. Sie scheint viel loswerden zu wollen, als habe sie gerade darauf gewartet, endlich jemandem von sich erzählen zu können: „So sagt, welche sind denn Eure Ideale, schöne Frau?"
Der Alte tut geradezu so, als hätte er noch nie von der eifersüchtigen Hera gehört ... .
Hera schaut dem Wanderer tief in die Augen.

„Nun, vor allem strebe ich nach einer gleichberechtigten, ehrlichen Beziehung und Partnerschaft! Sieh dich doch mal um in der Gesellschaft – überall gibt es Hass und Konflikte. Wie soll es denn im Großen funktionieren, wenn schon im Kleinen – also in der unmittelbaren Partnerschaft – Untreue, Betrug und Heucheleien den Alltag beherrschen?
So lass mich dir eine Geschichte erzählen, die sich mit Zeus, meinem Manne, einst zugetragen hat:
Zeus – zu jeder Schandtat bereit, um eine neue Liebelei anzufangen – war ausgerechnet für eine meiner Priesterinnen entflammt. Und zwar für die schöne Io, Tochter eines Flussgottes. So schickte er ihr eines Nachts eine Traumbotschaft, in der er sie zu den grünen Wiesen in der Nähe des Flusses bestellte. Dort graste das Vieh ihres Vaters. Io wusste nicht, was sie von dieser Botschaft zu halten habe, und weihte ihren Vater ein. Dieser zögerte nicht, die Orakel von Delphi und Dodona um ihren weisen Rat zu fragen. Diese prophezeiten dem Flussgott, dass der mächtige Zeus ihn und seine gesamte Anhängerschaft mit lediglich einem Blitz in den Tod schicken würde, wenn er seine Tochter nicht auf die besagte Wiese ließe. Also tat Io, zu meinem großen Entsetzen, wie ihr befohlen, und war somit der Begierde meines lüsternen Mannes schutzlos ausgeliefert. Ich war so erbost über das ruchlose Vorhaben, dass ich kurzentschlossen meine Priesterin in eine Kuh verwandelte und mich beeilte, um mir die beiden vorzuknöpfen. Dort angekommen, schwor mir mein Mann aufs Wort, Io nicht angerührt zu haben. Schließlich sei sie ja eine Kuh. Aber ich kannte meinen Mann zu gut – was zum Beispiel hätte diesen davon abgehalten, sich just in einen Stier zu verwandeln und sich so doch noch mit der Geliebten zu vereinen? Misstrauisch bestand ich also darauf, dass Zeus mir diese schöne junge Kuh als Geschenk opferte. Das tat mein Mann dann auch – ihm blieb gar nichts anderes übrig! Nun habe ich aber Besseres zu tun, als den lieben langen Tag auf eine Kuh aufzupassen, also vertraute ich diese dem Riesen Argos an, dessen ganzer Körper mit Augen bedeckt war. Manche waren geschlossen, andere geöffnet - aber nie schliefen alle. Nichts konnte ihm entgehen.

Mein Mann, von grenzenloser Sehnsucht getrieben, bat schließlich seinen überaus findigen Bruder Hermes um Rat. Dieser half seinem Bruder, indem er sich als flötespielender Hirte verkleidete und dem ahnungslosen Argos einen Besuch abstattete, um ihn mit lieblichen Melodien zu umgarnen. Reihum fiel ein Auge nach dem anderen zu – bis tatsächlich alle geschlossen waren, was eigentlich unmöglich schien. Und eben diesen Moment ausnutzend, nahm Hermes kurzerhand seine Lanze und trennte Argos den Kopf vom Leibe. Nun konnte die Kuh befreit werden.

Aber sie hatten die Rechnung ohne mich gemacht – so etwas entgeht mir nicht! Ohne Umschweife befahl ich einem Schwarm Rinderbremsen, Io zu stechen. Der Schmerz machte sie verrückt. Und in ihrer Panik rannte Io um die ganze Welt. Irgendwann konnte selbst ich ihr nicht mehr folgen – was soll es auch – ich habe letztendlich noch wichtigere Aufgaben zu erledigen, als nur dieser wahnsinnigen Io hinterherzuhetzen. Schließlich setze ich mich mit Leib und Seele dafür ein, dass glückliche Ehen geschlossen werden, kümmere mich um gelungene Geburten und vieles mehr!

Alsdann floh die wild gewordene Kuh bis nach Ägypten, wo es meinem untreuen Mann doch noch gelang, Io ihre wahre Gestalt zurückzugeben. Sofort vereinte er sich liebestoll mit ihr und sie empfing sogar ein Kind. Ich sorgte dafür, dass nicht Zeus das Kind aufzog und Io fand ihr Glück bei Telegonus, dem König der Ägypter. An seiner Seite wurde sie, aufgrund ihrer einstigen Kuhgestalt, als die Göttin Hathor verehrt.“

„Ob Hera wohl weiß, dass heute der innerste der vier großen Monde des Planeten Jupiters den Namen jener Geliebten, Io, trägt?“, fragt sich der Wanderer.

Gegen den Ehebruch ihres Gatten kämpfte Hera weiterhin energisch an. Der Pfau, der neben der steinernen Göttin steht, war deren Lieblingsvogel. Ihm setzte sie einige der Augen des toten Argus in den Schwanz ein. Der Wanderer will schon weiterziehen, doch Hera möchte noch etwas loswerden:

„Halt, Wanderer. Eigentlich wollte ich dich gar nicht so sehr an meinem Zorn teilhaben lassen. Lass mich dir nun etwas Erbaulicheres zeigen!"

Und wieder hebt Hera ihren Arm weit hoch, diesmal aber hält sie etwas in der Hand:

„Sieh nur, wie herrlich dieses Tuch im Winde flattert – wie erfrischend die Atmosphäre um das Tuch herum ist!"
Der Wanderer staunt. Fürwahr, das weiße Taschentuch flattert wild, aber grazil in der Luft herum, dabei schien es im Park gerade noch nahezu windstill zu sein.

„Hier, nimm es mit! Es soll dir Gutes tun auf deinem Weg, wann immer du es brauchst!" Die Göttin reicht dem dankbaren Alten ihr Taschentuch und erstarrt im nächsten Moment wieder zu Stein.

Lamirah „Let it go"
www.reverbnation.com/lamirah

Der eifersüchtige Vulkan
(gr. Hephaistos)

Der Wanderer geht mit dem Taschentuch in der Hand verwirrt weiter. Die aufgebrachte Hera hat ihn ganz unruhig werden lassen. Eigentlich möchte er sowas gerade gar nicht hören, ist er doch selbst so ruhelos und getrieben.
Der Hera gegenüber sitzt Hephaistos. Und ihm erging es ähnlich wie seiner Nachbarin, die übrigens seine Mutter ist. Hera wollte ursprünglich keinen Mann und beschloss, alleine ein Kind zu bekommen. Heraus kam dann Hephaistos, der leider alles andere als eine Wohlgestalt wurde. Ausgerechnet die hübsche Aphrodite musste ihn „zwangsheiraten", obwohl sie ihn schrecklich hässlich fand! So wurde sehr bald auch er betrogen. Aber lassen wir den Gott der Schmiedekunst und des Feuers selbst erzählen, was sich damals zugetragen hat:

„Sei gegrüßt, mein Herr. Hast du gerade von Hera vernommen, welche frevelhaften Untreuetaten ihr Ehemann Zeus an den Tag zu legen pflegte? Dann lass dir von mir sagen, mein Freund, dass nicht immer die Männer die Übeltäter sind:
Meine eigene Gemahlin, die liebliche Aphrodite, hat mich bitterlich betrogen. Du kennst sie bestimmt von den Bildern der Jahrhunderte, ihre Schönheit blieb ja niemandem verborgen. Und zwar hinterging sie mich mit keinem Geringeren als Heras Sohn Ares, dem grausamen Gott des Krieges. Was die beiden zusammenbrachte, weiß ich gar nicht, aber ich wollte dafür sorgen, dass sie für ihre Untreue von den Göttern des Olymps bestraft werden! Apollon selbst gab mir hierfür seinen teuren Rat.

So schmiedete ich – meinem kunstvollen Schmiedehandwerk alle Ehre machend – ein filigranes, eisernes Netz, welches so fein war, dass man es nicht sehen konnte. Dieses installierte ich direkt über dem Bett in unserem Schlafgemach, welches der Schauplatz für die ehebrecherischen Schandtaten sein sollte – und legte mich dort auf die Lauer. Tatsächlich geschah es, dass eines Nachts die schöne Aphrodite ihren Geliebten empfing. Das silbrige, hell glänzende Mondlicht ließ ihre porzellanweiße Haut sanft schimmern und machte sie unwiderstehlich. Sehnsüchtig befreite sie ihn von seiner schweren Rüstung. Dann umschlangen sie sich und sanken nackt und aneinandergeschmiegt auf dem Bett nieder. In diesem Moment ließ ich das Netz fallen und zog es fest zusammen. Da hingen sie – auf frischer Tat ertappt – beschämt in der Falle! In eben dieser Position führte ich sie den Gottheiten des Olymp vor – mich darauf verlassend, dass ihnen dort die gerechte Strafe zuteil würde. Aber – Wanderer, stell dir vor – wie es mir erging ...! Die Götter brachen in schallendes Gelächter aus, anstatt ergriffen und empört zu sein! Einer von ihnen meinte sogar, was er doch dafür geben würde, selbst in eine solch „schimpfliche Situation" gebracht zu werden... !"

Da hält Hephaistos plötzlich inne. Sein Gesichtsausdruck verfinstert sich und er blickt den Wanderer scharf an:
„Wanderer – zieh weiter, ich möchte nicht mehr davon sprechen müssen, wie schlecht es meinem Herzen, meiner Seele da gegangen ist!"

Na ja, da hat Hephaistos in seinem Plan wohl eines außer Acht gelassen: Die Götter des Olymps waren ja selbst bekannt für ihre zahlreichen Seitensprünge! Anstelle der Bestrafung der Liebenden erntete der Feuergott obendrein noch Spott und Hohn! Dabei sollten die Götter lieber bedacht mit ihm umgehen. Schließlich ist er der Gott des Feuers, des Elementes, welches enormen Schaden und Zerstörung anrichten kann. Als Schmied vermag er aber das Feuer zu beherrschen und weiß mit seinen Kräften umzugehen. Bevorzugt wohnt er auf einem Berg, der ab und an Feuer speit, auf der Insel Lemnos. Er versorgt die Gottheiten mit Waffen, die er mit großer Phantasie für sie schmiedet. Auch hat er die fantastischen Götterpaläste auf dem Olymp eigens für jeden Gott geschmiedet!

Der Wanderer hat Mitleid mit dem armen Feuergott und sagt tröstend:

„Also seid Ihr der berühmte Götterschmied, der die prunkvollen zwölf Paläste für die Götter auf dem Olymp geschaffen hat? Ich habe schon oft davon gehört – diese Arbeit soll unschlagbar sein in ihrer Präzision und Einzigartigkeit! Eine jede der Gottheiten hat schmiedeeiserne Bilder mit eingeschweißt bekommen – jeweils passend zu ihren Vorlieben. So hat die Göttin der Jagd zum Beispiel Jagdszenen und die Göttin der Liebe Akte erhalten. Der prunkvollste Palast von allen ist aber der des Zeus geworden. Mit goldenen Kronleuchtern und mit einem großen, kunstvoll verzierten Eisentisch in der Mitte, an dem die zwölf Gottheiten Platz nehmen und sich unterhalten, und von diesem Tische aus können sie alles auf der Welt sehen. Die Götter sollten sich schämen, so über Euch zu lachen! Dankbar sollten sie Euch sein für Euer künstlerisches Talent!"

Hephaistos schaut den Wanderer lange an – seine Miene wirkt nun nicht mehr finster, sondern stolz:

„Hab Dank, Wanderer, für deine tröstenden Worte! Ja, du hast vollkommen recht, die Götter sollten mir dankbar sein. So bin ich auch dir dankbar für deinen Trost und gebe dir darum eine Gabe des Elementes Feuer mit auf deinen Weg. Bewahre sie sorgsam auf, sie wird dir gute Dienste leisten!"

Und der Gott hebt seine kräftige Hand und streckt dem Wanderer eine kleine Flamme entgegen.

„Nimm dieses ewige Licht an dich. Du brauchst nicht zu zögern, du wirst dich nicht an ihm verbrennen. Und lass mich dir noch einen Rat mit auf den Weg geben: Sei stets auf der Hut und lass dich nicht täuschen ... – lass dich nicht von anderen Dingen von deinem Pfad ablenken."

Der Wanderer nimmt dankbar das Flämmchen entgegen und steckt auch dieses Geschenk in seinen Mantel. Wie offenbart, kommt es dabei zu keinem Brand. Dafür aber ist dem Wanderer von nun an angenehm warm zumute. Erfreut darüber wendet er sich Hephaistos zu und möchte sich bei ihm bedanken, aber dieser ist längst wieder zu Stein geworden... .

Justitia (gr. Themis) und die Waage der Welt

Aufgewärmt und frischen Mutes zieht der Wanderer weiter zu Themis. Als der Alte erfährt, wer das edle Geschöpf ist, spricht er sie gleich auf die zuletzt gehörte Geschichte an. Themis antwortet ihm unverdrossen:

„Ja, lieber Wanderer, ich, die Personifikation der göttlichen Ordnung und Gerechtigkeit, kenne die Zukunft und wusste damals um das Schicksal, das meine Töchter, die Moiren für die drei ersonnen hatten. Sie haben diese Dreiecksbeziehung in die Schicksalsfäden von Hephaistos, Ares und Aphrodite eingesponnen. Ebenso wusste ich, dass meine Tochter Dike, eine der Horen, die sich stets für die strafende und rächende Gerechtigkeit einsetzt, für den entsprechenden Ausgleich sorgen würde. Und so kam es, dass, nachdem Hephaistos die beiden gefangen hatte, sich Aphrodite nie wieder auf Ares eingelassen hat. Ares verzehrte sich daraufhin vor Eifersucht. Ständig stellte er ihr nach und schließlich tötete er sogar ihren Geliebten, den schönen Adonis! Aphrodite liebte Adonis über alle Maßen und verfiel in tiefste Schwermut, als Ares ihn in Gestalt eines wilden Ebers tötete! Außerdem hasste sie Ares von da an aus tiefstem Herzen. So erteilte Dike ihnen doch noch die gerechte Strafe. Das „Auge der Dike“ - Dikes ophtalmos - übersieht nichts!

Der Wanderer hört gespannt der Schilderung zu und beobachtet nun aufmerksam Hephaistos, der natürlich gelauscht hatte. Wie wird der wohl darauf reagieren? Aber er verzieht keine Miene mehr. Musste Themis auch ausgerechnet Adonis erwähnen! Die Liebe zwischen ihm und Aphrodite fraß den armen Hephaistos innerlich fast auf, auch wenn ihnen nur eine kurze gemeinsame Zeit vergönnt war.
Nachdem Hephaistos nicht reagiert, versteinert auch Themis schnell wieder und es scheint fast so, als wäre sie nie lebendig gewesen… .

Die stolze Minerva
(gr. Athene)

Ganz in der Nähe steht der Tempel der Athene. Die weise Schönheit ist wie Hephaistos nicht besonders gut auf ihren Halbbruder Ares zu sprechen:

„Wie konnte er es wagen, auf Seiten der Trojaner zu kämpfen! Seine Mutter Hera wurde weiß vor Zorn, als sie dies sah! Schließlich hatte er versprochen, nur zugunsten der Griechen einzuschreiten. Auch Zeus gab sein Einverständnis, Ares vom Schlachtfeld zu vertreiben.
Hera forderte den tapferen griechischen Feldherr Diomedes auf, Ares direkt anzugreifen. Dieser warf seinen Speer und ich sorgte dafür, dass er sein Ziel fand. Ich lenkte ihn direkt in Ares' Rumpf. Nur dank der Hilfe der Götter konnte er dies überleben. So hat er zu spüren bekommen, was geschieht, wenn man sein Wort bricht! Ich bin und war schon immer mächtiger als er!
Wohl bin ich auch eine Göttin des Krieges, aber nicht mit ihm gleichzusetzen! Ich führe den Krieg ausschließlich der Gerechtigkeit wegen, niemals aus reiner Lust am Kämpfen, so wie Ares es tut. Meine Handlungen und Entscheidungen führe ich weise und bedacht aus, mit dem scharfen Blick einer Eule. Aber der Krieg ist lange nicht das Einzige, was mir obliegt. Mitnichten! – auch über die Künste und Wissenschaften herrsche ich. Und als Palast- und Schutzgöttin beschützte ich einst die großen Herrscher. Außerdem verfüge ich als Göttin über die Handwerkskünste, wie zum Beispiel über die hohe Kunst des Webens!

Athenes Blick verfinstert sich:

„Hephaistos habe ich es zu verdanken, dass ich am Leben bin. Denn mein Gott-Vater Zeus verschlang meine Mutter Metis, in deren Bauch ich und mein Bruder lagen. Unglaublich, oder? Zeus wurde prophezeit, dass seine eigenen Kinder ihn einmal stürzen würden. Und mein Vater hatte diesen Irrsinn geglaubt. Da ist diesem Feigling nichts Besseres eingefallen, als meine schwangere Mutter zu verschlingen!
Eines Tages bekam mein Vater aber schreckliche Kopfschmerzen. Er wusste sich schließlich nicht mehr anders zu helfen, als Hephaistos herbeizurufen. Dieser Künstler aller schmiedeeisernen Waffen schlug gekonnt den Schädel des Göttervaters in zwei Hälften. Meine Mutter und ich konnten so gerettet werden, mein Bruder aber verblieb im Leib meines grausamen Vaters. Und das, obwohl ich in voller Kriegesrüstung aus dem blutigen Schädel herausstürmte und Zeus – welcher nur aufgrund seiner Göttlichkeit diesen schweren Eingriff überlebte – itzo mit dem Schwerte bedrohte, er solle meinen Bruder freigeben. Aber ich hatte keine Chance...
Diese schmerzhafte Erfahrung machte mein Herz so hart, dass ich die Herrschaft über die Kriege übernahm. Meine Seele war so verletzt, dass ich keinem Mann Liebe entgegenbringen konnte. Nicht einmal Eros' Pfeil konnte Gefühle aus mir herauslocken. So blieb ich auf ewig Jungfrau. Das Entspringen aus dem Kopf des hohen Zeus aber gab mir die Klugheit und Weisheit mit, die ich gerne an die Menschen weitergebe."

Was für eine Geschichte – wer ist schon dazu imstande, sein eigenes, noch dazu schwangeres Weib zu verschlingen... . Dem Wanderer läuft es bei dieser Vorstellung eiskalt über den Rücken.

Kriegsgott Mars (gr. Ares) und die Liebe

Gedankenverloren geht der Wanderer lange Zeit ohne anzuhalten weiter. Schließlich kommt er bei Ares, der ein ganzes Stück weiter hinten im Schlossgarten steht, an. Nun möchte er auch dessen Version der Geschichte hören:

„Nun Wanderer, was glaubst du, wie es mir erging, in dem Netze – bloßgestellt in solch prekärer, wie intimer Lage? Natürlich war ich – wohl rühmlich – lange Liebhaber der anmutigen und schönen Aphrodite, manche kennen sie auch unter dem Namen Venus, dennoch empfand ich schreckliche Scham dabei, im Netze gefangen den Göttern ausgeliefert zu sein. Schließlich bin ich der gefürchtete Gott des Krieges! Überall, wo es mir gelang, löste ich unbarmherzige Metzeleien aus, je brutaler, desto besser. Und nun ward ich auf dem Olymp mit dem bitteren Gegenteil vorgeführt und bloßgestellt: nämlich mit der Liebe in vollendeter Darstellung!

Meine Liebe zu Aphrodite stürzte mich auch während des Trojanischen Krieges ins Unglück. Einst hatte ich eine Affäre mit Eris, Göttin der Zwietracht, die stets auf den Schlachtfeldern an meiner Seite war. Diese erzürnte meine Liebe zu der makellosen Aphrodite. Außerdem war sie fürchterlich gekränkt, als Einzige nicht zur Hochzeit des Peleus und der Thetis geladen zu sein. Also warf sie den Apfel der Zwietracht, auf dem „der Schönsten" eingraviert war, unter die Gäste. Sofort begannen, wie von Eris erwartet, Aphrodite, Athene und Hera um den Apfel zu streiten. Schließlich wurde Paris, ein trojanischer Königssohn, gebeten, den Streit durch seine Entscheidung, wer denn die Schönste von den dreien sei, zu beenden. Er entschied sich für Aphrodite, da sie ihm als Gegenleistung die schöne Helena zur Frau versprochen hatte. Was sie ihm jedoch verschwiegen hatte, war, dass Helena bereits mit Menelaos, dem König Spartas, verheiratet war. Als Paris sie dann entführte, löste er so den Trojanischen Krieg aus.
Während einer Schlacht wurde meine geliebte Aphrodite verletzt, als sie ihren Sohn Aeneas retten wollte. Die durchtriebene Eris, die sehr wohl von meinem Versprechen an Hera und Athene wusste, redete mir ein, ich solle meine ehemalige Geliebte rächen, indem ich auf Seiten der Trojaner kämpfte. Als Hera mich dann im Schlachtgetümmel entdeckte, wurde sie schrecklich wütend. Auch bei meinem Vater Zeus fiel ich dadurch in Ungnade und er erlaubte meiner Mutter sofort, mich für meinen Ungehorsam zu bestrafen.
Die Wunde, die der Speer meiner Halbschwester Athene mir zufügte, kostete mich beinahe das Leben. Du siehst also Wanderer, die Liebe zur Schönsten der Schönen hatte mir kein Glück gebracht.

Mit diesen Worten versteinert die Statue wieder. Grübelnd bleibt der Wanderer noch eine Weile stehen. Wer weiß, was gewesen wäre, wenn Ares es geschafft hätte, sich in Liebe einer Frau zu offenbaren. Wenn er hätte erfahren dürfen, was es heißt, aus tiefstem Herzen und aufrichtig geliebt zu werden. Vielleicht hätte er irgendwann weniger Kriege geführt, wenn er sich mit anderen, schöneren Dingen hätte beschäftigen können. Leider hatte Ares nicht viel Glück in der Liebe. Immerhin aber schenkte ihm die schöne Aphrodite mehrere Kinder, darunter zwei Söhne, die sie Phobos und Deimos – übersetzt: „Furcht" und „Schrecken" – nannten. Anstatt diese fürsorglich und behütet aufzuziehen, lehrte er sie baldmöglichst die schwarze Kunst des Tötens.

Merkur (gr. Hermes) und die Götter des Olymp

Sein Weg führt den Wanderer in einen sehr düsteren Bereich des Schlossgartens. Hier geben sich Licht und Schatten einem beschaulichen Reigen hin und das Grün der Bäume und Sträucher scheint hier im schwindenden Licht des Tages noch dunkler zu sein als in anderen Arealen des Parks. Der Wanderer merkt gar nicht, dass ein großer, dunkler Schatten auf ihn zukommt. So schnell er gekommen ist, verschwindet dieser allerdings wieder. Der Wanderer nimmt nur noch einen kalten Hauch wahr und dreht sich um – sieht jedoch niemanden in seiner Nähe. Gerade will er verwundert weiterziehen, da merkt er, dass sein Wanderstab nicht mehr da ist! Voller Zorn läuft er schnellen Schrittes durch die Heckenreihen, um den Dieb zu finden. Da sieht er schon von weitem eine Figur, die einen Stab in der Hand hält, der seinem verblüffend ähnlich sieht. Schnell geht er auf die Statue zu und will den Stab an sich nehmen. Doch dieser lässt sich nicht bewegen. Er ist – wie die ganze Gestalt – aus Stein.

„Das gibt's doch nicht!", schreit der Wanderer erbost. „Jetzt stehlen die Gestalten aus den dunklen Mythen schon meinen Wanderstab!"

Verärgert baut sich der Wanderer vor der Statue auf und mustert diese eindringlich. Oh ja, die Statue kommt ihm bekannt vor. Unverwechselbar durch die Flügel auf ihrem Hut und an den Füßen gekennzeichnet. Mithilfe jener Flügel schwebt er in Sekundenschnelle von einem Ort zum nächsten: Es ist Hermes, der Gott der Diebe und des Handels, und gleichsam Bote der Götter.

„Da bist du mir also auf die Schliche gekommen, Wanderer? Dann will ich mal nicht so sein – ich wollte dir deinen Stock nicht wirklich rauben. Ich wollte nur deine Aufmerksamkeit erlangen! Du weißt ja gar nicht, wie viele Besucher an mir vorbeiziehen und mich nicht zur Kenntnis nehmen. Aber du, Wanderer, du solltest zu mir kommen und von meinen Mythen erfahren.
Es gibt so viel zu berichten, das solltest du auf keinen Fall verpassen.

So ward ich von der hübschen, gelockten Maia geboren. In den dunklen Nächten, in denen Hera früh zu Bette ging, besuchte ihr untreuer Gemahl Zeus meine Mutter. Ich bin die Frucht ihrer Liebe. Ich kam in einer düsteren Höhle zur Welt, in der es mir alsbald zu langweilig wurde. So geschah es, dass ich mich bereits an meinem ersten Tag auf Erden aus meiner Wiege davonstahl, um auf Entdeckungstour zu gehen. Kaum aus der Höhle entwichen, stolperte ich über den Panzer einer Schildkröte. Das Tier gefiel mir auf Anhieb und ich nahm es auseinander, um zu sehen, was es wohl für Eingeweide hat. Am interessantesten fand ich jedoch den Panzer! So umspannte ich ihn mit der Darmhaut eines toten Rindes, welche an Mutters Wäscheleine hing. Schon hatte ich ein einzigartiges Musikinstrument geschaffen: die Lyra, auf der ich wunderschöne Melodien spielte.
Doch dies reichte mir nicht als Erlebnis, so zog ich weiter und fand eine Herde Rinder unbewacht auf einem Felde weiden. Ich beschloss kurzerhand, das Vieh mitzunehmen. Die Erde war dort aber sehr sandig und damit der Besitzer, welcher übrigens mein Halbbruder Apollon war, nicht dahinter kam, dass ich der Dieb war, schnallte ich an die Füße der Rinder mit Halmen befestigte Baumrinde, damit ihre Hufe keine verräterischen Spuren hinterließen. Es war gar nicht so einfach, den Tieren dies anzuziehen, aber ich schlug sie einfach mit dem wundersamen Spiel auf der Lyra in meinen Bann. So ließen sie mich gewähren und folgten mir auf meinen Befehl sogar rückwärts bis zu meiner Höhle. Dort versteckte ich sie ganz in der Nähe. Da ich großen Hunger hatte, schlachtete ich gleich zwei der Rinder, teilte das Fleisch in 12 Stücke, nahm mir eines davon und aß es auf. Die anderen Teile opferte ich den Göttern des Olymps. Nun legte ich mich, satt und zufrieden, wieder in meine Höhle. Doch mein Halbbruder kam mir trotz allem auf die Schliche, sah die Häute der getöteten Rinder hängen und stand alsbald zornig vor meiner Wiege. Ich – als kleiner Säugling recht unbedarft erscheinend – ich war ja erst ein paar Stunden alt – weinte laut auf! Maia, meine liebe

und besorgte Mutter, eilte gleich an mein Bette und meinte zu Apollon, wie er nur dazu käme, mich zu beschuldigen. War ich doch noch viel zu klein für solch eine Freveltat! Wütend hob Apollon mich aus der Wiege und schleppte mich vor das Gericht der Gottheiten. Unser gemeinsamer Vater Zeus verkniff sich bei diesem Anliegen ein Lächeln und versuchte ernst zu bleiben. Er erinnerte, seinen kleinen Sohnemann verteidigend, die Götter daran, dass ich die getöteten Rinder ja nicht für mich behalten, sondern sie großzügig mit den anderen Göttern geteilt habe. Dies wurde mir wohlwollend zugute gehalten. Und was das Beste daran war: somit war ich die zwölfte Gottheit. Denn niemand hatte widersprochen, als ich mich dabei, wie selbstverständlich, einfach den anderen Göttern gleichsetzte. Von da an gehörte ich zu den Göttern des Olymps.
Und Apollon, der immer noch sehr erzürnt über meine Tat war, machte ich meine Lyra zum Geschenk. Wovon dieser sofort äußerst entzückt war. Von Stund' an liebte er dieses Instrument und schenkte mir aus lauter Dankbarkeit seine Viehherde.
Von da an wurde ich auch zum Gott der Diplomatie und des Handels. Also nicht nur zum Gott der Diebe… . Aber dein Stab, lieber Wanderer, den hab' ich mir dennoch gerne genommen, da er mich an einen ganz besonderen Stab erinnert. Mein Vater hat ihn mir einst geschenkt, als er mich für meine diplomatischen Einsätze belohnen wollte. Nicht selten war ich ihm bei seinen erotischen Seitensprüngen behilflich. Und mit diesem Stab als Wegweiser holte ich auch die Seelen der Toten ab und führte sie zur Styx, jenem Fluss, den die Toten überqueren müssen, um in den Hades, die Unterwelt und das Reich der Toten, überzutreten. Wer diesem Stab folgte, kam sicher in den Nachen und wurde so über das dunkle Gewässer gebracht. Daher könnte auch dein Stab zu meinem Wegbegleiter werden.
Ach, willst du ihn mir nicht doch überlassen? Ich bin auch der Gott der Wanderer, also wird es dir sicherlich auf deinem weiteren Weg zugute kommen. Falls du mal in Not kommen solltest, bin ich für dich da!"

Als der Wanderer dies alles vernommen hat, verneigt er sich ehrfürchtig vor Hermes und überlässt dieser Kreatur aus Stein großzügig seinen Stab. Lange würde er ihn sowieso nicht mehr brauchen – spürt er doch tief im Innern seiner Seele, dass er bald heimkommen würde. Nach einer langen, langen Reise, die scheinbar in diesem Park ihr Ende finden wird…

Kallirhoe und das Halsband der Harmonia

„Das Halsband, so bringt mir doch das Halsband wieder!“

Der Wanderer hört die Rufe einer verzweifelten Frau. Sie steht halbnackt auf ihrem Podest und schaut mit gebrochenem Blick nach oben.
„Von welchem Halsband sprecht Ihr, edle Frau?“, erkundigt sich der Wanderer.

„Ich meine natürlich das Schmuckstück der Harmonia! Es gehört mir! Mir ganz allein! Mein Gatte Alkmaion, Sohn Harmonias, gab mir einst das schöne Hochzeitsgeschenk seiner Mutter! Unsere Söhne haben es mir einfach weggenommen. Sie behaupteten, das herrliche Geschenk würde mich ins Verderben stürzen. Mich und jeden, der es besäße. Aber ich werde nicht mehr glücklich, wenn ich diesen Schatz nicht mein Eigen nennen kann. Der Besitz dieses Halsbandes hatte mich unendlich glücklich gemacht. Nun – da es weg ist, sind alle Freude und Lust aus meinem Leben gewichen. Der Verlust macht mich auf ewig unglücklich.“

Und Kallirhoe, so heißt die Statue, kehrt sich mit diesen Worten wieder ab vom Wanderer, wendet ihren Blick gen Himmel und schreit erneut hinauf:

„So gebt mir doch das Halsband, ich flehe euch an ...!“

In jener Liebesnacht, in der Ares und Aphrodite von Hephaistos im Netz gefangen wurden, empfing die Göttin ihre Tochter Harmonia, deren Schönheit der ihrer Mutter kaum nachstand. Zur Hochzeit Harmonias kamen viele Götter, auch Hephaistos ließ es sich nicht nehmen, ihr ein wunderschönes Halsband zum Hochzeitsgeschenk zu machen. Doch er schmiedete einen Fluch in das kunstvolle Geschmeide: Wer einmal dieses Schmuckstück erblickte, der solle ihm restlos verfallen. So traf der Fluch letztendlich auch Kallirhoe, die schöne Tochter eines Flussgottes. Wie viele vor ihr, wurde sie in ihrer Habgier verrückt, konnte keinen klaren Gedanken mehr fassen. Auch ihrem Gatten Alkmaion wurde das Kleinod zum Verhängnis.
Als er bei einem Raubüberfall umgebracht wurde, bat Kallirhoe den mächtigen Zeus darum, ihre Söhne, die zu jenem Zeitpunkt noch Kleinkinder waren, schnell wachsen zu lassen, damit diese den Tod ihres Vaters rächen konnten. Und so geschah es auch. Aber die beiden Söhne besannen sich, nachdem sie Alkmaion gerächt hatten, und nahmen ihrer Mutter das Halsband ab, um es in Delphi den Göttern zu weihen. Doch es war zu spät für Kallirhoe, sie konnte ihrer Gier und dem Wahnsinn nicht mehr entfliehen. Und auch in Delphi richtete das Schmuckstück noch viel Unheil an ...

Der Wanderer aber kann das Leiden nicht mehr mit ansehen. Er nimmt einen Ring von seinem Finger und steckt ihn der Verrückten an. Diese hört endlich auf zu schreien. Verwirrt betrachtet sie den Schmuck an ihrem Finger. Dadurch abgelenkt, beruhigt sie sich. Verstört wendet sie sich ab. Den Blick gen Himmel gerichtet, wird sie wieder zu Stein. Der Ring des Wanderers aber rutscht im Moment der Versteinerung wieder vom Finger der Statue und fällt zu Boden. So nimmt der Wanderer ihn wieder an sich: Scheinbar verschmäht Kallirhoe das gute Schmuckstück, aber kein Wunder, es ist eben nicht das Halsband der Harmonia... .

Agrippina, eine Welt voller Intrigen

Der Wanderer läuft nun durch einen verwinkelt angelegten Teil des Parks. Die Atmosphäre scheint hier drückender zu sein. Es ist ihm nicht wohl. Manchmal kommt der Alte an eigenartigen Vasen vorbei, die Gesichter haben. Sie scheinen ihn mit ihren starren Blicken zu fixieren! Beklemmung überkommt ihn.
Erst als eine Krähe, die sich durch sein Kommen gestört fühlt, mit einem rauen Schrei hochschreckt, entdeckt er die im Gebüsch versteckte Statue der Agrippina. Die Krähe muss zuvor auf der Statue gesessen haben. Natürlich bleibt der Wanderer stehen, abwartend, was da wohl kommen mag und überzeugt, dass auch diese Statue ihm von ihrem Leben erzählen möchte. Doch Agrippina bleibt stumm und starr. Nichts geschieht. Da beschließt der Wanderer, sie anzusprechen – ist sie doch zu anziehend, um sie unbeachtet zu lassen. Er möchte auch ihre Geschichte erfahren. Dennoch, auch nach mehrmaligem Rufen: Die Figur bleibt stumm! Da gesellt sich die Krähe zu ihm. Der komische schwarze Vogel, der zunächst vor dem Wanderer geflohen war, sieht sich vom Geäst eines lichten Baumes aus den dunklen Mann lange an. Schließlich verliert er seine Scheu, kommt angeflogen und sitzt nun wieder auf der Schulter der Statue:

„Krääächz – naaaa – Wanderer, möchtest du etwas über Agrippina erfahren? Über ihren langen, grausigen Weg zur Macht, die sie nur allzu kurz genießen durfte?“

Der Wanderer zuckt mit den Schultern und wundert sich darüber, dass nun auch ein Tier zu sprechen beginnt.

„Ich nehme an, du hast schon vom römischen Kaiser Nero gehört. Vermutlich weißt du bedeutend weniger über seine Mutter Agrippina. Dieses skrupellose, durchtriebene Weib war unter anderem mitverantwortlich für die Tötung ihres eigenen Bruders. Dieser, Caligula war sein Name, war einst Kaiser Roms. Die Schöne mischte sich einfach zu sehr in politische Verhältnisse ein und wurde daher von Caligula in die Verbannung geschickt. Doch es half ihm nichts mehr, die längst geplante Tötung gelang bei einem zweiten Versuch und Agrippinas Onkel Claudius nahm den Thron ein. Er holte Agrippina aus der Verbannung und heiratete sie. Hätte er nur gewusst, wie hinterlistig sie war, so hätte er sie auf der fernen Insel gelassen. Denn dort im Exil lernte sie die Giftmischerin Lucusta kennen, deren Dienste Agrippina, zurück in Rom, nur zu gerne in Anspruch nahm. Doch Agrippinas Schönheit machte die Männer blind, und so hatte die Frau ein leichtes Spiel.

Ihren zweiten Ehemann Claudius vergiftete sie, nachdem dieser, obwohl er einen eigenen Sohn hatte, ihren Sohn Nero aus erster Ehe zu seinem Thronfolger ernannt hatte. So brachte die gutaussehende Römerin ihren Sohn mit nur 17 Jahren auf den Thron.

Ihre Mordlust steckte offensichtlich in den Genen und wurde an ihren Sohn weitervererbt. Die herrschsüchtige Agrippina setzte Nero heftig unter Druck, erzwang sogar die Heirat mit seiner Stiefschwester Octavia. Nero liebte eigentlich eine ganz andere Frau, die hübsche, warmherzige Popaea Sabina. Doch seiner Mutter war diese Beziehung stets ein Dorn im Auge. Das Verhältnis zwischen Mutter und Sohn wurde immer gespannter. Schließlich ließ Nero, bis aufs Äußerte gereizt, sie durch einen Attentäter ermorden. Erstochen lag Agrippina auf ihrem Bette im eigenen Schlafgemach – in einem Meer von schwarzem Blut. Im Dunkeln und Abseits des Weges steht nun hier ihre Statue. Ich aber glaube, sie bereut ihre Taten! Schaut doch nur, Wanderer, wie ihre Augen aussehen – ihr Blick schweift weit in die Ferne. So schön und so einsam ist sie und so wunderbar ihr Körper und ihr Haar. Darum setze

ich mich ab und an zu ihr und leiste ihr mit meiner Wenigkeit Gesellschaft. Ich glaube, sie möchte nicht sprechen, weil sie sich ihrer Vergangenheit wegen schämt. So lauft auch Ihr alsbald weiter und sprecht ein Gebet für ihre schwarze Seele. Was geschehen ist, ist geschehen."

Und mit einem lauten Krächzen entfernt sich der Vogel wieder und ward nicht mehr gesehen.

„Mordlust, Intrigen, Verrat! Herzlich willkommen im Familien- und Herrscherprogramm des alten Roms!", denkt der Wanderer bei sich.

Kybele (gr. Rhea) – die Mutter der olympischen Götter

Während er weiter dem Weg folgt, wird dem Wanderer ein eigenartiges Schnurren bewusst. Ein Schnurren, wie von einer großen Hauskatze, die es genießt, von einem ihr wohlgesonnenen Menschen gekrault zu werden. Er sieht sich um und erschrickt: Von wegen Hauskatze! Zu seiner Linken liegt ein ausgewachsener Löwe, der von einer bekrönten Dame behaglich am Kopf gekrault wird. Erstaunt hält der Wanderer inne und schaut sich diese Szene eine Weile an. Dann bemerkt ihn die Frau und spricht ihn an:

„Sei gegrüßt, Wanderer. Was schaust du so verdutzt?" Der Wanderer aber wagt kaum zu antworten. Als er sich wieder gefasst hat, fragt er die Dame, wer sie denn sei.

„Du kennst mich also nicht? Das solltest du aber. Schließlich bin ich die Mutter der Götter des Olymps. Man nennt mich Rhea, aber sowohl im alten Griechenland, wie auch in Rom war ich ebenso als Kybele bekannt.

Auch Zeus, der später über die Götter des Olymps herrschen sollte, war eines meiner Kinder. Dem mächtigen Titan Kronos, meinem Gatten, wurde offenbart, dass sein eigener Sohn ihn stürzen würde, falls ich ihm jemals einen solchen gebären sollte. Somit verlangte Kronos von mir, kinderlos zu bleiben. Aber da ich mir nichts sehnlicher wünschte, als Kinder zu haben, wurde ich dennoch schwanger und gebar den kleinen Zeus. Was blieb mir anderes übrig, als Kronos den Kleinen auszuhändigen, nachdem er zur Welt kam? Aber ich war schlauer als mein Mann und gab ihm einen in Windeln gewickelten Stein mit. Er bemerkte die Täuschung nicht und verschlang den Stein auf der Stelle. Da die Korybanten ein riesiges Geschrei machten, blieb das Weinen des kleinen Zeus, den ich in einer Höhle vor seinem grausamen Vater versteckte, unbemerkt.

Die Korybanten sind meine fanatischen Diener. Diese wurden mir einst zu aufdringlich – ständig umgarnten sie mich und wurden zudringlich. So verfluchte ich sie, sich selbst zu entmannen. Dabei verwirrte sich ihr Geist und sie schlugen sich gegenseitig die Häupter ab, spielten mit diesen laut tosend Ball und überschlugen sich dabei selbst in wilder Begeisterung.

Doch konnte ich nur Zeus vor meinem Mann retten. Meine armen anderen Kinder verschlang er. Der kleine Zeus allerdings wuchs ungehindert in seinem Versteck auf und als er erwachsen war, gelang es ihm schließlich, seinen Vater zu entmachten. Daraufhin zwang er ihn, erst den Stein und dann alle meine verschlungenen Kinder – Hestia, Hades, Demeter, Hera und Poseidon – auszuspucken.

Aufgrund dieser Geschichte werde ich als Schutzgöttin der Neugeborenen und als „die große Mutter" verehrt. Die gemauerte Krone trage ich als Schutzgöttin und Sinnbild für die Herrschaft über alle Städte des Erdkreises. Und als Zeichen meiner großen Macht bin ich oft umringt von ehedem wilden Löwen, die ich gebändigt habe. Von den orgiastischen Riten meiner Dienerschaft aber, in die sie die Gläubigen dieser Welt gerne einführen möchten, grenze ich mich strikt ab.

Aber nun zu dir, guter Mann. Ich möchte dir helfen, denn ich weiß, dass du noch einen langen Weg vor dir hast. So nimm dies als Geschenk und hebe es gut auf. Irgendwann, wenn die Zeit reif ist, wirst du es brauchen können."

Rhea fasst unter ihren Umhang und holt ein kleines Stückchen Erde hervor. Es ist fest verklumpt und verwurzelt, so dass es nicht zerfallen kann. Als sie es ausgehändigt hat, erstarrt sie wieder zu einer regungslosen Statue. Der Wanderer nimmt die Gabe an sich und steckt sie in seinen Mantel. „Seltsam, was weiß die Statue über meinen Weg – und warum schenkt sie mir einen Klumpen Erde?" Der Alte wird nun wieder nachdenklich. Lange bleibt er noch stehen und schaut sich den Löwen an:

Sein Gesichtsausdruck ist schwer zu deuten. Was wohl in dem einst wilden Tier vorgeht?

Das bleibt sein Geheimnis. Lautlos schmiegt sich die Wildkatze an ihre steinerne Besitzerin und dem Wanderer bleibt nichts anderes übrig, als sich wieder auf den Weg zu machen.

Danuvius und Rhenus

Ein ganzes Stück weiter, vorbei an vielen Gängen und Rundwegen, kommt der Wanderer schließlich an ein Gewässer. Dunkel ist es nun, nur das fahle Mondlicht spiegelt sich im See und es sieht aus, als glitzerten tausende kleine Sterne auf seiner Oberfläche. Da hört der Alte plötzlich Kinder schreien! Grell hören sich ihre Stimmen an in der Stille des Parks. Er schaut sich um und sieht mitten im Wasser zwei riesige alte Männer aus Stein. Von denen aber kann das Geschrei nicht stammen. Da – wieder hört der Wanderer das aufgeregte Gekreische kleiner Kinder.
Der Wanderer wird langsam nervös: Wo kommt das Geschrei her? – Muss er eingreifen? Aber er sieht nichts! Da hört er es plätschern und jetzt erkennt er plötzlich, dass bei den Steinfiguren auf dem See noch zwei kleine Kinder sitzen. Ein Glück – es scheint ihnen gut zu gehen.
„Hallo, Ihr da!“, ruft der Wanderer den gigantischen Herren zu: „Ist alles in Ordnung mit den Kindern?“ Erst regt sich nichts. Doch dann beginnt sich einer der beiden alten Männer leicht zu bewegen. Er sieht sich fragend um, erblickt den Wanderer und ruft ihm entgegen:

„Du brauchst dich nicht zu sorgen, es ist alles in Ordnung. Die Kinder, die du siehst, sind bei uns in Sicherheit! Die Schreie, die soeben über das Wasser hallten, stammen von den ruhelosen Seelen der in den Fluten umgekommenen Kinder. Darf ich uns vorstellen – zu meiner Rechten sitzt der Flussgott Rhenus, man nennt ihn auch „Vater Rhein“ und ich bin Danuvius, oder auch „Donau“. Noch immer belasten uns die schrecklichen Rituale, welche die Menschen zu unseren Ehren abhielten. Vor allem das, was sie ihren kleinen Kindern antaten. Manchmal tunkten sie die armen, hilflosen Geschöpfe schrecklich lange ins Wasser hinein, um festzustellen, ob sie ehelich geboren sind. Mehr noch, in manchen Fällen überließen sie ihre Kinder einfach den Fluten und sagten getrost, dass den ehelichen nichts geschehen würde. Andere Kinder wollte man dadurch abhärten. Die Säuglinge kamen frisch aus dem warmen Leib der Mutter zur Welt und wurden alsbald in eiskaltes Wasser getaucht – grausam! Auch wenn es uns nicht immer gelang, taten Rhenus und ich alles in unserer Macht stehende, um den Kleinen zu helfen. So haben wir hier zwei Kinder bei uns, denen wir das Leben gerettet haben. Ihre Eltern tauchten sie ins tiefe Wasser. Itzo in diesem Moment riss eine starke Strömung die Kinder hinfort. Wir haben sie vor dem Ertrinken bewahrt. Aber wir ließen sie nicht mehr zu diesen verantwortungslosen Eltern zurückkehren und fortan blieben sie bei uns. Zieh' getrost weiter, Wanderer. Für die Toten kannst du nichts mehr tun. Die Schreie, die an die schlimmen Taten erinnern, erklingen immer dann, wenn der Mond sich in seiner ganzen Fülle im Wasser spiegelt.“

Mit diesen Worten erstarrt die Figur des Flussgottes wieder. Sie leuchtet hell im Mondlicht und wirkt wie aus Porzellan gegossen.

„Wie schrecklich“, überlegt der Wanderer. „Wie können Eltern ihren Kindern so etwas antun! Ich habe ja schon gehört, dass man Gold und Münzen in die Flüsse geworfen hat, um den Göttern zu huldigen, aber diese grausamen Rituale waren mir bisweilen nicht bekannt.“

Ruinen der Zeit

Der Alte geht schweren Schrittes weiter. Eigentlich möchte er gar nicht mehr nachdenken. Er wird müde, ist überwältigt von den Geschichten, die er gehört hat. Da gelangt er in einen Teil des Parks, der endlich nicht mehr so geometrisch angeordnet ist. Es tut dem Wanderer gut, sich nicht mehr wie in einem Labyrinth zu fühlen.

Er kommt über eine kleine Brücke und geht an einem See vorbei. Düster und gespenstisch sieht es hier im Dunkeln aus. Faseriger Nebel hängt über dem Gewässer, in dem sich undeutlich eine zerfallene Ruine spiegelt.

Der Anblick des brüchigen Gemäuers weckt seine Neugier. Es scheint schon Jahrhunderte alt zu sein – wie er selbst. Vor einem Fensterbogen bleibt er schließlich stehen: ein Fenster, das ewig zu sein scheint. Bogen um Bogen wird das Auge des Wanderers nach innen geleitet, folgt gleichsam einem endlosen Gang. Das Fenster fasziniert den Wanderer auf unerklärliche Weise. Doch das Innere ist dunkel. Es ist tiefschwarz und niemand weiß, was sich dahinter verbirgt. Das Dunkel darin verstärkt das tiefe Unbehagen des Mannes und beim Weitergehen blickt er in die leeren Augen eines Rinderschädels. Erschrocken bleibt der Alte stehen, diese düstere Erscheinung ist ein Teil der Ruine – reliefartig an der Fassade fixiert. Nein, bei diesem unheimlichen, verfallenen Gemäuer möchte er nicht länger verweilen … .

Poesie, (gr. Poetica) Rhetorica, Geometria und Gnomika (gr. Gnomonika) und ihre geheimen Kulte

Dem Wanderer fröstelt es ein wenig von dem kühlen Windhauch, der ihn streift, als er über die kleine Bogenbrücke geht. Er gelangt nun wieder in den hinteren Teil des Schlossgartens. Dort sind die Statuen nicht mehr so dicht gesät und die Natur beherrscht die Szene.
Plötzlich beginnen sich die Gedanken des Wanderers in ihrer Struktur zu verändern. Worte tanzen einen Reigen, sammeln sich und beginnen, Reime zu bilden. Vers um Vers wird verfasst und bildet Elemente, die einem lyrischen Text gleichen. Der Wanderer weiß nicht, wie ihm geschieht, hatte er doch bisher keinen Sinn für Poesie und Lyrik gehabt. Dennoch: die Gedanken manifestieren sich und heraus kommt eine Mischung aus Fiktion, eigenen Erlebnissen und Phantasie! Leise spricht der Alte vor sich hin:

„Wohin ich gehe,
ich sehe
überall die Steine:
rahmenlose Standbilder,
wartend
Wohin ich gehe,
ich sehe
überall leere Rahmen:
Rahmen aus Stein,
flüsternd
Wohin ich krieche,
ich rieche
den lüsternen Duft der Glückseligkeit:
getrieben von all jenen
steinernen Zeugen der Zeit
Worauf ich schwöre,
ich höre
überall Steingeflüster:
sie flüstern die Weisen der Zeit

... die versteinerten Rahmen der Ewigkeit“

„So gefällst du mir, mein Herr!“, unterbricht den Alten plötzlich eine helle, zarte Stimme. Er sieht sich um und entdeckt, ziemlich versteckt im Gebüsch stehend, eine grazile, fast nackte junge Frau. Nur der abgebrochene Unterarm entstellt den sonst makellosen Körper. Lässig lehnt sie sich an einen Baumstamm, mit dem sie fast verschmolzen scheint. Zu ihren Füßen liegt ein Buch.

„Ach, lasst mich raten!“, sagt der Wanderer zu ihr. „Ihr habt mit meinen plötzlichen Wort- und Gedankenspielen zu tun, nicht wahr? Habt Ihr mir diese Zeilen geschenkt?“ Zu viel hat der Alte in dem Park nun schon erlebt, als dass ihn dies wirklich überrascht hätte.

„Na – wenn du meinst! Wie du auf meinem Sockel erkennen kannst, lautet mein Name Poetica, wo ich nur kann, helfe ich im Finden lyrischer Wortphantasien. Ich selbst fühle mich Apoll, dem Gott der Musen und Künste, verbunden, aber andere Statuen – Rhetorica und Geometria, welche die Kunst der Rede sowie die Geometrie verkörpern – stehen in Bezug zu den sich verändernden Wertevorstellungen der Aufklärung. In diesem Zusammenhang versinnbildlichen die Göttin im Tempel der Botanik, wie auch Gnomonika, der die Lehre der Sonnenuhr verkörpert, das aufkeimende Interesse an den Naturwissenschaften.
Jedoch sind sie sehr versteckt hier im Park aufgestellt, wenn sie überhaupt gerade an ihren Standorten aufzufinden sind. Es wird nämlich gemunkelt, sie würden einem Geheimbund angehören, der sich in Logen versammelt und zu geheimer Stunde an einem unbekannten Ort hier im Park trifft. Vielleicht halten sie ihre Zusammenkünfte ja unter dem Minervatempel ab? Dort gibt es nämlich einen düsteren Raum. Ich habe ihn einst zufällig entdeckt, habe mich aber nicht hineingewagt – kalt und dunkel war es dort, und ein modriger Geruch kam mir entgegen. Wer weiß, vielleicht gibt es noch mehr solcher unterirdischer Gefilde hier im Park ... .
Aber – ich will nichts gesagt haben. Ob das so ist, weiß ich nicht. Jedenfalls verbergen sie ihre Botschaften hinter allerlei Symbolik, sind als Mann dargestellt und niemand weiß so recht was mit ihnen anzufangen... .“

Das ist wohl wahr! Diese Figuren könnten den Freimaurer-Bund des 18. Jahrhunderts symbolisieren. So stün-

den das Winkelmaß, das Senkblei und der Maßstab der Geometria für die Bauhütten. Die Freimaurer vertraten den Gedanken, dass ein jeder Mensch zunächst einmal als rohes Material zu betrachten sei, welches noch bearbeitet und geschliffen werden müsse, damit es richtig funktioniere.

Die Rhetorik war wichtig für die Logen, in denen Redner neue Ideen verbreiteten. Soziales Engagement und Zusammenarbeit, ähnlich einem Bienenstaat, in dem fleißig gemeinsam gearbeitet wird, sind wichtige Eckpfeiler dieses Geheimbundes. So ist mit der Rhetorica auch ein Bienenkorb abgebildet. Poetica hat recht, man findet die Rhetorica eigentlich nur, wenn man sie gezielt sucht. Sogar vor dem Wanderer bleibt diese Statue verborgen.

Auch Gnomonika steht ziemlich abseits des Weges. Diese Statue bearbeitet einen Kubus, welcher eine Sonnenuhr darstellen soll, die drei Seiten hat. Funktionieren kann eine solche Uhr ja nicht, aber überliefert könnte dies für die drei Aufgabenfelder eines Freimaurers stehen: Beten, Arbeiten und soziales Engagement. Danach sollen die Mitglieder des Bundes ihre Zeit einteilen.

Doch unser Wanderer erfährt dies nicht, er lernt lediglich Poetica kennen und bewahrt die ihm geschenkten Zeilen in seinem Gedächtnis.

Fortuna (gr. Tyche) – die Schicksalsgöttin

„Die vielen steinernen Geschöpfe hier im Park – sie stehen, verwurzelt mit ihrer Vergangenheit, fest in der Zeit. Was für ein Glück ich doch habe, dass sie mich persönlich in ihre Mythen einweihen", denkt sich der Wanderer.

Lange Schatten sind im bleichen Mondlicht auf dem Weg abgezeichnet. Die Schatten der Bäume, deren Größe das von den Jahrhunderten gezeichnete Leben im Schlossgarten wiederspiegelt. Auch sie würden dem Wanderer gewiss einiges über ihre Erlebnisse erzählen, könnten sie sprechen. Auch dem Wanderer fallen nun die Schatten auf. Ihre Konturen verschwimmen im wechselnden schwachen Licht. Einer dieser Schatten hat einen deutlicheren Umriss. Es ist die Kontur einer Frau. Aber was zeigen ihre Finger? Ist das nicht das Zeichen des Teufels, das hier dem Wanderer entgegen gehalten wird? Ihn befällt ein ungutes Gefühl. Er starrt auf das Zeichen und ein eiskalter Schauer läuft ihm über den Rücken. Da beginnt die Kontur sich zu verändern. Die Finger nehmen nun eine wegweisende Position ein, er kann eine Richtung erkennen. Bange schreitet er langsam weiter, Schritt für Schritt den düsteren Parkweg entlang.

„So soll es denn kommen, wie das Schicksal es für ihn vorgesehen hat", spricht leise, aber bestimmt, eine weibliche Stimme.

Die Worte kommen von jenem wegweisenden Schatten. Und der Schatten gehört zu Tyche, der Schicksalsgöttin. Im Gegensatz zu den Moiren ist sie nicht für das persönliche Schicksal eines jeden verantwortlich, sondern für das launenhafte zufällige Schicksal, das jeden treffen kann.
Aber warum hat Tyche dem Wanderer denn das Teufelszeichen gezeigt? Mitnichten, es muss wohl eine optische Täuschung gewesen sein. Denn bei genauerem Hinsehen erkennt man deutlich, dass nicht der Zeigefinger und der kleine Finger ausgestreckt sind, sondern der Daumen und der kleine Finger. Die anderen Finger sind nicht mehr vorhanden, sind seit unbestimmter Zeit abgebrochen. Was war wohl der Grund? Darauf gibt es keine Antwort, der Fingerzeig bleibt vage ...

Cupido (gr. Eros) und das rätselhafte Verschwinden eines Schattens

Mittlerweile ist es im Park stockdunkel geworden. Der Wanderer denkt an jene Stelle im Park, die eine besondere Wirkung auf ihn hatte: das Fenster in der alten, brüchigen Ruinenmauer, das ihm wie eine düstere Ewigkeit vorgekommen ist.
Nur der Schein des fahlen Mondlichts weist ihm nun den Weg. Die Bäume sehen aus wie riesige Ungeheuer, die mit ihrem sporigen Geäst bedrohliche Haltungen einnehmen. Ein Baum scheint dem Wanderer zuzuwinken, mit langen, drahtigen Fingern.
Er fröstelt und wirft einen Blick auf das in einiger Entfernung liegende Schloss, in dessen Fenstern hier und da noch Licht brennt. Eigentlich wirkt alles wie immer – und doch nicht wie gewohnt. Eine seltsame Stimmung breitet sich erneut in ihm aus.

Mit ihren Schatten weisen die Bäume dem Wanderer die Richtung, ohne dass dieser sich dessen bewusst ist. Wieder verändert sich die Umgebung drastisch. Der Wanderer scheint plötzlich in einer Art Gartenlaube angekommen zu sein. Das Mondlicht spiegelt sich in einem kleinen Wasserbassin und leise hört man Nachtigallen singen. Vögel spiegeln sich im Wasser, aber sie sind stumm und reglos. Dieser Ort hat auf den Wanderer eine beruhigende, magische Wirkung. Endlich erlaubt sich der Alte, sich niederzusetzen. Er schaut dem verspielten Wasserspektakel lange zu: die Wasserstrahlen glitzern im Mondlicht und der leise Vogelgesang verbindet sich mit dem seichten Geplätscher des Wassers zu einer harmonischen Melodie. Diese Stimmung ist einzigartig und wunderschön. Endlich fühlt sich der Wanderer wohl, er spürt eine innere Geborgenheit an diesem Platz.

„Hier möchte ich bleiben", sagte er leise. Doch noch einmal, ein letztes Mal, vernimmt er die Stimme einer Figur, die an diesem Ort verwurzelt ist:

„Lieber Wanderer, es ist Zeit, sich aufzumachen – habe Vertrauen in das, was kommt!"

Und noch einmal hebt der Wanderer seinen Blick: ein bildschöner Jüngling steht vor ihm. Es ist Eros, der Bote der Liebe. Er hat noch ein abendliches Bad genommen und will sich gerade zurück an seinen Platz begeben, in einer Nische der Badhausfassade.

„Seht, dort hinten. Seht diesen bezaubernden Ort. Es ist die Stelle, wo die Welt zu Ende ist, und das Paradies beginnt! Gratuliere, mein Herr! Ihr habt es gefunden auf Eurem langen Weg."

Und der junge Mann schaut dem Wanderer auffordernd in die Augen:

„Verweilet nun nicht mehr zu lange an diesem Ort. Macht Euch auf und vertraut dem, was kommt!"

Und schon steht er wieder versteinert an dem Platz, der für ihn ausgesucht wurde. Der Wanderer verspürt ein Kribbeln im Bauch. Wundersam ist ihm zumute. Nun hat er keine Angst mehr. Er steht auf und geht auf die helle Stelle zu. Es ist ein langer, langer Weg geradeaus, viel länger, als er zunächst aussah. Nebel breiten sich auf einmal aus, weiche, warme Schleier hellen Lichts. Die Nebel verdichten sich immer mehr, es ist kein Fortkommen. Da erinnert sich der Wanderer an die Gabe der Hera, Herrin der Luft. Entschlossen greift er in seine Manteltasche und holt das Taschentuch hervor. Dieses beginnt, kaum ist es aus der Tasche heraus, sofort wieder zu flattern – doch diesmal wesentlich stärker! Ein Wind kommt auf, der den Nebel vom Weg vertreibt. Ein geradezu gespenstisches Schauspiel eröffnet sich hier dem Betrachter: aus dem dichten Nebel treten plötzlich Schattenfiguren, die an ihm vorbeiziehen. Einige erinnern ihn an die Statuen, denen er im Park begegnet ist. Einige sehen so aus, als würden sie ihm zuwinken. Schließlich ist das Schauspiel vorüber und der Wanderer hat wieder klare Sicht. Nun kann er voranschreiten. Beherzt macht er sich wieder auf den Weg. Der Lichtfunke, den er von Hephaistos erhalten hat, leuchtet ihm voran.

Plötzlich bemerkt der Wanderer, dass er eine seiner vier Gaben verloren hat. Das Klümpchen Erde, das Rhea ihm zusteckte, ist nicht mehr in seiner Manteltasche.

„Verflixt! Vielleicht ist es herausgefallen, als ich nach dem Taschentuch gegriffen habe...", denkt sich der Wanderer, entschlossen, sich davon nicht beirren zu lassen. Umkehren ist unmöglich, nun, da er schon so weit gekommen ist.

Mit Schrecken muss der Wanderer auf einmal feststellen, dass er nicht mehr alleine auf dem Weg ans Ende der Welt ist. Jemand ist ihm gefolgt, ein langer, schwarzer Schatten wirft scharfe Konturen vor ihm auf den Boden. Jemand muss direkt hinter ihm stehen, und dieser Jemand sieht mächtig und unheimlich aus – zumindest sein Schattenbild. Dem Wanderer kommen Hephaistos' Worte in den Sinn:

„Sei stets auf der Hut und lass dich nicht täuschen ... - lass' dich nicht von anderen Dingen von deinem Pfad ablenken."

Also dreht der Wanderer sich nicht um. Wie wohl er daran getan hatte, wird er vermutlich nie erfahren. Der bedrohliche Schatten kam von dem verlorenen, verwurzelten Erdklumpen. Das Zusammenspiel des Lichtfunkens und des bleichen Mondscheins warfen einen überdimensionalen Schattenriss davon auf den Boden. Rhea gab dem Wanderer den Klumpen Erde mit, um ihn so vor der Umkehr zu bewahren. Der unheimliche Schatten sollte ihn vorwärts treiben. Denn eine Umkehr auf diesem Pfad hätte den Weg in die Unterwelt bedeutet. Dank der Hilfe der Steinweisen ist der Wanderer nun wohlbehalten an seinem Ziel angelangt:

Welch traumhaft schöne Landschaft! Allein der Fluss grenzt ihn noch vom Paradies ab. Da holt der Alte seine letzte Gabe heraus: Den Tautropfen auf dem Eichenblatt. Er lässt den Tau in den Fluss fließen. Dies muss der Ort sein, an den der Tropfen wollte. Als dies vollbracht ist, wirft der Wanderer auch das Blatt ins Wasser. Wie von Zauberhand fängt dieses plötzlich an, größer und größer zu werden. Oder wird der Wanderer immer kleiner und kleiner? Wir wissen es nicht genau, aber das Letzte, was von ihm zu sehen ist, ist sein Hinfortgleiten in einer Barke, die von ihrer Form ein wenig an ein gewölbtes Eichenblatt erinnert... . Und irgendwann ist der Wanderer verschwunden. Er ist angekommen.

Letzte Worte am „Ende der Welt“

Nun sind schließlich auch wir angekommen, am „Ende der Welt“ im Schlossgarten Schwetzingen. Hier endet die Reise des Wanderers, der müde geworden ist und – zufrieden mit dem, was er erfahren hat – die Schwelle überschreitet, die ihn vollends hinweg trägt aus Raum und Zeit.

An dieser Stelle verabschieden wir uns von dem Wanderer. Und auch für mich, Chronos, ist es nun an der Zeit, Lebewohl zu sagen.

Doch zum Ende unserer Wanderung betrachten wir uns noch einmal das Perspektiv, das berühmte „Ende der Welt“: auf dem Gemälde ist die idyllische Landschaft Arkadiens zu sehen. Einst hielten die Menschen es für den Ort des „Goldenen Zeitalters“, an dem sie, frei von gesellschaftlichen Zwängen, als einfache, glückliche Hirten leben könnten.

So stellt das Perspektiv einen optischen Schlusspunkt dar. Nun frag sich der Mensch unweigerlich auch nach dem zeitlichen Ende. Doch wie empfindet, erklärt er sich die Zeit? Als einen Zyklus der Ewigkeit an sich, der kein Ende kennt? Eine Annahme, entsprungen aus den Beobachtungen der Sterne, des Universums. Oder erlebt er sie doch als linear? Und wenn linear, so kennt er ja nicht einmal den Punkt, an dem alles begann, von dem aus gezählt, erzählt und gedacht werden kann? Fragen, die den Menschen schon seit Jahrhunderten beschäftigen, deren Antworten vielleicht in ferner Zukunft liegen. Aber wir wissen nun ein wenig mehr über die Vergangenheit, über die vielen steinernen Zeugen der Zeit im Schlossgarten Schwetzingen. Wir haben ihr Flüstern im Park zusammen mit dem Wanderer vernehmen können. Sie haben uns alles geschenkt, was ihnen von der Zeit – ihrer Zeit – geblieben ist… ihre Mythen!

Quellen

Bücher:

- Dommermuth-Gudrich, Gerold: Mythen – 50 Klassiker. Gerstenberg-Verlag, Hildesheim 2000
- Kluckert, Ehrenfried: Mythen und Sagen. Schnellkurs. DuMont Verlag, Köln 2006
- Hamilton, Edith: Das große Buch der klassischen Mythen. Goldmann-Verlag, München 2005
- Inkiow, Dimiter: Die schönsten griechischen Sagen. Ellermann-Verlag, Hamburg 2005
- Nack, Emil: Götter, Helden und Dämonen. Mythologie der Ägypter, Griechen, Römer und Germanen. Carl Ueberreuther Verlag, Wien 1968
- Reclams Lexikon der antiken Mythologie. dt. 6. Reclam Verlag, Stuttgart 1999
- Snoek, J. A. M.; Scholl, M.; Kroon, A. A. et al: Symbolism in 18th Century Gardens. The Influence of Intellectual and Esoteric Currents, such as Freemasonry, Stichting OVN, Den Haag 2006, S.125 - 148
- Staatliche Schlösser und Gärten Baden-Württemberg. In Zusammenarbeit mit der Staatsanzeiger für Baden-Württemberg GmbH (Hrsg.): Barocke Skulpturen in baden-württembergischen Schlossgärten. K.F. Schimper-Verlag, Schwetzingen 1999.
- Who's who in der antiken Mythologie. 2. Auflage. Deutscher Taschenbuch Verlag, München 1993

Zeitschriften:

- Stripf, Prof. Dr. Rainer: „Ein Imker in Schwetzingen. Barocke Skulptur mit Bienenkorb im Schwetzinger Schlossgarten gibt Rätsel auf." Pdf, Langfassung aus: ADIZ die biene/Imkerfreund, Heft 11/2007, S. 34-35, Nußloch 2007

Hörbücher:

- Inkiow, Dimiter: Die Götter des Olymp. Neu erzählt. Igel-Records 2005

Zusätzliches Bildmaterial und Veranstaltungshinweise

www.verlag-waldkirch.de

Vita

Simone Deichmann wurde 1972 in Heidelberg geboren. Heute wohnt sie in Wiesloch.
Während sie zwei künstlerisch orientierte Studiengänge (Kunstpädagogik und Kunsttherapie M.A.) absolvierte, arbeitete sie bereits kunsttherapeutisch in der forensischen Psychiatrie sowie kunstpädagogisch mit Kindern und Jugendlichen.
Seit 2010 ist Simone Deichmann Kunsttherapeutin im Hospiz und unterstützt dort sterbenskranke Menschen im künstlerischen Gestalten.
Seit einigen Jahren arbeitet sie freischaffend als Autorin, Illustratorin und Künstlerin (Fotokunst, Malerei, Grafik).
In ihrer Freizeit besucht sie gerne Burgen und Schlösser, Klöster, alte Friedhöfe und Felslandschaften in und um Deutschland.
Mit einem Faible für Geheimnisvolles und düstere Legenden verleiht sie ihren Werken einen magischen Charme.

www.phantasiegalerie.de

Danke

Karin & Carl-Heinrich
ESSER
STIFTUNG

Frau Sandra Moritz, Leiterin Schlossverwaltung Schwetzingen,
Staatliche Schlösser und Gärten Baden-Würtemberg,
bei der Projektierung und Umsetzung

Den mitwirkenden Bands:
Godex
www.godex-music.de

Black Chameleon
www.black-chameleon.com

Volveryn
www.myspace.com/volveryn

Titus Pullo
www.titus-pullo.de

Steinwesen

Lamirah
www.reverbnation.com/lamirah